Gefühlsstau im Unternehmen

Stau(auf)löser Transaktionsanalyse, die genialen Sekunden nutzen

Für Roger, Freund und Wegbegleiter in vielen Jahren.
Manager und Schulleiter durch und durch.

Impressum

Autor
Bernd Friedlein

Verlag
Joy Edition · Buchverlag, E-Books and more …
D-71296 Heimsheim, www.joyedition.de

Druck
Printsystem GmbH, D-71296 Heimsheim
www.printsystem.de

Bilder
Titelbild: © mvw-Training® 2014 all rights reserved by Bernd Friedlein
Seite 25: picture-alliance/akg-images
Alle anderen Bilder aus dem Archiv des Autors

1. Auflage, Dezember 2020

Der Umwelt zuliebe gedruckt auf umweltfreundlichem,
chlor- und säurefrei gebleichtem Papier.

ISBN: 978-3-948842-08-6

Bernd Friedlein

Gefühlsstau
im Unternehmen

Stau(auf)löser Transaktionsanalyse, die genialen Sekunden nutzen

www.JoyEdition.de

Inhalt

Vorwort zur dritten Auflage

2020, lediglich Anno Convidii, oder gar nur der Pandemie-Schock? Weit gefehlt. Es geht um komplette Zusammenbrüche einiger Gewohnheiten in der privaten wie auch in der beruflichen Wahrnehmung. Was gestern noch als sichere Basis im Sein empfunden wurde, ist heute in manchen Bereichen nicht mehr präsent. Egal ob häusliche oder berufliche Gewohnheiten, vieles hat sich strukturell verändert. Die Quellen des Selbstwerts sind damit an einigen Stellen verbraucht, es gilt sie loszulassen und neue zu entdecken. Auf diesem Weg gehen manche in eine Art Überlebensmodus, sei es via Isolation oder reduzieren die Kommunikation auf Teilnahme an irren Zeremonien.

Der Verlust schmerzt. **Basisgefühle** wie Wut, Angst, Trauer, eben auch Freude werden intensiv erlebt. In der Sprache der TA werden die **Ich-Zustände** in Masse bombardiert mit katastrophalen Stimuli.

Einige Beispiele, du kannst herausstreichen oder weitere Themen hinzusetzen:
- Lockdown,
- der gewaltsame Tod von George Floyd, infolge die Bewegung „Black Lives Matter",
- massive digitale Inkompetenz im Schulwesen,
- ungezügelte Gewalt in den Stuttgarter und Frankfurter Innenstädten, sonstige Kesselschlachten andererorts etc.,
- Vormarsch der Nazis bei gleichzeitiger Schrumpfung von deren Tarnclub AfD,
- Klimakatastrophe,
- permanente Kriegsgefahr,
- brennende Wälder,
- Tankerunfälle,
- 2,8 Millionen Kinder und Jugendliche in Armut, 1,2 Millionen an deren Grenze, Kinder, die eigene Armut und erst recht gescheiterte Eltern aushalten,
- nicht gelingende Migrationspolitik,
- in Masse Angst vor Altersarmut und
- vieles mehr.

In der aktuellen Auflage geht es gerade auch darum, den Blick für Optionen zu schärfen, mögliche **Trigger** zu erkennen, mit Herzmut seitherige **seitherige Basen** loszulassen und mit Mut, Neugierde und Freude neue zu kreieren.

Herrenberg/Hannover im November 2020

Vorwort

Begeisterung versus Tristesse, Mut versus Draufgängertum, beides zu leben, ist für Neugierige eine ständige Herausforderung. Als Käufer dieses Handbuches bist du vielleicht Profi oder Laie, lauwarm- oder hochfrustriert, eines bist du allemal: dein bester Trainer, Supervisor, Coach und Therapeut.

Vielleicht suchst du gerade nur das eine: Stimulation für das Aufstöbern genialer Sekunden, um aus dem Gefühlsstau rauszukommen. Herzlich willkommen und voilà, lass es uns wagen, gemäß dem Motto:
„Etwas wagen heißt, für kurze Zeit den Boden unter den Füßen zu verlieren.
Nichts wagen heißt, sich selbst zu verlieren." – *Sören Kierkegaard –*

Legen wir los? Check.

Training hat mich schon immer begeistert, erstmalig im Frühjahr 1978. Ich darf heute sagen, dass meine damaligen Förderer wild Entschlossene waren, gewissermaßen durchgeknallt, meinetwegen auch beseelt davon, die in Summe verkrusteten Strukturen eines traditionsbewussten Sozialversicherungsträgers zu durchbrechen. Bei diesem hatte ich damals eine Ausbildung zum Beamten des gehobenen und höheren Dienstes absolviert. Begriffe wie Changemanagement, Industrie 4.0, Digitalisierung etc. waren noch nicht erfunden. Nein, es ging um Veränderung hin zum Ausbau einer Markt- und Kundenorientierung. Sie waren im wahrsten Sinne des Wortes **Verrückte**, eben solche, die auf den Ebenen Führung, Struktur, Kultur und Ziele eine Organisation mit damals 70.000 Mitarbeitern ändern wollten, eben verrücken.

Hierfür bildeten sie sogenannte **interne Trainer** aus. Ein Konzept, das mich auch heute immer noch begeistert. Somit bekam ich die Chance, als 24-Jähriger Zeit und Raum zu haben, erste Trainerausbildungen zu erleben sowie das Erfahrene weiterzugeben. Einer meiner ersten Ausbilder, Walter P. Vetter, gab mir und meinen damaligen Kollegen einen für mich prägenden Satz: „Für Trainer ist nicht der jeweilige Ansatz entscheidend, vielmehr zählt, was sie bereit sind, von ihren Klienten zu lernen und authentisch tun..." Es ist die ungeschminkte Aufforderung zur Demut in der Begegnung mit Trainees, die Klarheit, dass auf dem Trainerstuhl sitzend und aus ihm heraus gestaltend, ein Trainer nur eines kompromisslos anbieten kann: alternative Sichtweisen. Den Klienten einzuladen, auf die Suche nach den genialen Sekunden zu gehen, Sekunden der Veränderungsbeschlüsse. Möglichst mit Wirkung hin zur Lösung. Problemdenken nimmt keinen Raum mehr ein.

Die Rollen als Trainer sind sehr unterschiedlich, bedingt durch unterschiedliche Zielgruppen. Da sind die Auftraggeber, meistens hochprofessionalisierte Personaler und/oder Betriebsräte, die nicht immer mit den späteren Klienten identisch sind. Die Rollen sind geprägt durch Wertschätzung und Respekt und vor allem kritischer Distanz, erst Recht Autonomie gegenüber dem jeweiligen Kunden sichern. Al Gore sagte einmal: „Es ist schwer, jemanden etwas verständlich zu machen, wenn sein Gehalt davon abhängt, es nicht zu verstehen."

Mir war immer wichtig, unabhängig zu arbeiten, um Aufdeckung der wirklichen Bearbeitungsfelder und Zielorientierung zu sichern. Und es liegt auf der Hand, dass **aufdeckende Trainer** die Mutigen in den Organisationen brauchen, solche, die eben auch Autonomie für das Zustandekommen von Trainings, Supervisionen und Coachings mit einbringen. Lauwarm Frustrierte haben hier keine Chance.

Sicher ist auch, dass in den letzten Jahren verstärkt eine Gefühlstaubheit in den Unternehmen Einzug gehalten hat. Ein enormer Gefühlsstau ist die Folge. Die Kennzahlensucht steht im Vordergrund. Wird im Benchmark eher schlecht abgeschnitten, kommen die damit einhergehenden Gefühle nicht oder eben nur auf einer Ersatzebene zum Ausdruck. Der Tunnelblick auf die Zahlen verhindert vielfach eine wirkungsvolle Begegnung der Manager mit den Mitarbeitern. Wenn überhaupt sind es meistens noch die Betriebs- oder Personalräte, die sich einen umfassenden Blick in die Organisation hinein erhalten haben. Gleichwohl lassen die sich verstärkt als Lazarettkräfte missbrauchen, machen eine Spontanversorgung bei emotionalen Schäden und haben eher selten eine wirkungsvolle Strategie entwickelt.

Es gilt verstärkt, zu richtigen Zeitpunkten völlig andere Fragen zu stellen und neue Formen der Interventionen zu praktizieren. Der dramatische Rollenwechsel für Betriebsräte auf der einen und das Management auf der anderen Seite erfordert einen Abschied von den traditionellen Begegnungsformen der betriebsrätlichen, aber gerade auch der klassischen Managementwelt. Denn sie sind überholt und führen auf lange Sicht nicht zum Ziel. In der Begegnung zwischen den Mitarbeitervertretungen und dem Management stehen häufig noch einschlägige Gesetze und der damit einhergehenden Rechtsprechung im Vordergrund, die zu einer Zeit geschaffen wurden, in denen große Stammbelegschaften fernab von der heutigen Geschwindigkeit aus einer Linienmatrix heraus agierten. Heute ist vor dem Hintergrund flüchtiger Organisationen und einem völlig veränderten Mitarbeitergefühl (unselbstständig Selbstständige) vermehrt eine nur schwer durchschaubare Machtstruktur erkennbar. Vielfach führen Ohnmächtige Ohnmächtige. Eine Rollenunklarheit besteht häufig auf beiden Seiten, der des Managements genauso wie auf Seiten der Mitarbeitervertretungen.

Rollenklarheit zu gestalten geht in der Alltagsarbeit häufig unter. Der zunehmende Druck, anstelle klassischer Linienaufgaben und den damit einhergehenden Funktionen über Projektarbeit, **make-or-buy-Entscheidungen**, Outsourcing, neue Formen der indirekten

Steuerung etc. scheinbare Lösungen zu stabilisieren, führt zu einem Arbeitsgefühl, geprägt von: „Wir können ja nicht anders" und erzeugt oftmals Frust und Müdigkeit bei allen Beteiligten. Rollenirritationen sind an der Tagesordnung. Die Effizienz bleibt dabei auf der Strecke. Das Wandern im Nebel ohne Ortungsinstrumente, vom GPS bis hin zur Taschenlampe, macht wenig Spaß und letzte Vertrauensreserven von Mitarbeitern, aber zunehmend auch von Kunden und Geschäftspartnern, werden durch das Gefühl der Unsicherheit aufgezehrt.

Für jeden ist erkennbar, dass seither **gelebte Muster** in der vertrauensvollen Zusammenarbeit immer mehr vermisst werden. Dies gar nicht so sehr wegen mangelndem Willen, sondern wegen nicht mehr vorhandener Möglichkeiten, autonom als System Spielregeln aufrechtzuerhalten und diese einzuhalten. Der Druck von außen ist enorm und mindert Managementkompetenz auf beiden Seiten. Dabei ist es möglich, die versteckten Fallen auf diesem Weg zu erkennen und zu beseitigen. Gewinnerorganisationen gestalten ihre betrieblichen Strukturen und Leistungsprozesse rechtzeitig so, dass sie am Markt weiterhin erfolgreich bleiben.

Und genau hier setzt Training, Supervision und Coaching an. Kompetente Klienten unternehmen hier eine Reise, um möglichen Ursachen der Gefühlstaubheit auf der Strecke der eigenen Einschärfungen und aktuell nicht mehr tauglichen Glaubensmustern auf die Schliche zu kommen. Die einzelnen Schulen der Transaktionsanalyse und die der Bindungstheorie geben hierfür einen verständlichen Rahmen. Für solche Gestalter, die eher an der Rolle des Depressionsstaubsaugers festhalten oder eben auch nur lauwarm frustriert sind, kommen diese Möglichkeiten eher selten in Betracht.

Dies ist ein Buch vom Praktiker für Praktiker. Die Schwerpunkte liegen auf den praktischen Anwendungsfeldern der Transaktionsanalyse und den gut vermittelbaren Ansätzen der Bindungs-Theorie. Es ist die Kombination beider Schulen, mit denen ich seit den frühen 1980ern arbeite.

Neben Beschreibungen der jeweiligen Themen ist durchgängig über Skalierungsbögen eine Selbstreflektion möglich. Ich empfehle hierbei, parallel zur händischen Auswertung zusätzlich ein Diktiergerät zu nutzen, quasi einzelne Bereiche zu vertonen.
Einige dieser Eigenchecks sind auch auf meiner Internetseite www.mvw-training.de abrufbar.

Übrigens: **Manager** und **Klient** gelten für beide Geschlechter.

Mein besonderer Dank geht an Freunde und Förderer. Alle kann ich hier nicht nennen und auch euch, liebsten Dank.

Herrenberg/Hannover, im Dezember 2017

Transaktionsanalyse, wie geht das?

Neben den kontinuierlich weiterentwickelten Schulen der **Bindungstheorie** (Bowlby) und **Gestalttherapie** (Perls) ist gerade die **Transaktionsanalyse** (TA) ein gut verständliches Konzept für wirkungsvolle Kommunikation in Grenzbereichen. Grenzbereiche werden genau in jenen Situationen festgestellt, in denen konfliktäre Verhandlungen, Teams und sonstige Krisen und/oder die Rollenklarheit aus dem Ruder laufen.

Die TA-Gründer, Dr. Eric Berne und Dave Kupfer, hatten die ersten Impulse für eine radikale Weiterentwicklung der gängigen Konzepte in den 1940er Jahren. Beide kamen aus der humanistischen Psychologie und gaben den Anreiz, Therapiekonzepte durch für die Klienten nachvollziehbare Sprache zu demokratisieren. Sie wollten eine radikale Veränderung im Mief der 1950er und 1960er herbeiführen und die Begegnung Therapeut und Klient entmystifizieren. Sämtliche Interventionsformen folgen der Regel:

• Bring es auf den Tisch!
• Rede darüber!
• Tüte es ein!

Berne verpflichtete die Mitbegründer auf die **Top-Three-Theorie-Making Rules:**

Regel 1:
Sage nichts, was du nicht graphisch darstellen kannst. Alles andere ist alte Schule.

Regel 2:
Nutze immer Ockhams Rasiermesser für Einfachheit. Wähle bei unterschiedlichen Theorien immer die am einfachsten Anwendbare.

Regel 3:
Gehe in verständliche Sprache. Formuliere so, dass dich ein 8 Jahre altes Kind, ein einfacher Bauer sowie ein Mathematik-Professor verstehen können.

Sein Kollege Dr. Fritz Perls, neben Anne Perls, Gründer der Gestalttherapie, sagte zugleich: „Psychologie ist viel zu gut, als dass sie ausschließlich für die Klienten genutzt werden sollte."

Der große Vorteil der TA ist die direkte Anwendbarkeit und die anschauliche und prägnante Sprache. Und gerade das macht auch den Erfolg im nicht-therapeutischen Rahmen aus, dem nicht-klinischen Anwendungsfeld Management/Organisation. Gleichwohl hat manch verschulter bzw. verwissenschaftlichter Betrachter mit dieser Einfachheit und

Nachvollziehbarkeit so seine Akzeptanzprobleme gegenüber der TA. Mich hat das nie gestört, zählt doch einzig und allein das Prinzip der Lösungsorientierung und der Wirkung. Nach dem frühen Tod von Berne 1970 haben Fanita English, Dr. Stephen Karpman, Dr. Taibi Kahler, Bob und Marie Goulding, Claude Steiner, Jack Dusay und viele andere aus der Gründungszeit die Konzepte kontinuierlich weiterentwickelt und den jeweiligen gesellschaftlichen Veränderungen angepasst. Schmunzelnd denke ich hier an meinen Freund Stephen, der letztes Jahr zu mir sagte: „Es war schon eine powrige wilde Zeit, die 1970er, gerade auch im Klima Kaliforniens den von Berne begonnenen Weg kompromisslos weiter auszubauen."

TA-Anwender meiden Schnickschnack in der Begegnung. Sie bekennen sich zu der Tatsache, dass die Begegnung störungsindiziert ist. Es gilt, durch für den Klienten nachvollziehbare Angebote praktikable Lösungsprozesse in Gang zu setzen. Diese müssen für den Klienten kognitiv nachvollziehbar und emotional aushaltbar sein. Damit entscheidet immer der Klient, ob und wieweit er mit einzelnen Werkzeugen der TA gehen möchte. Im übertragenen Sinne ist es wie in einem Baumarkt mit drei Stockwerken. Auch dort geben gute Berater lediglich Orientierung und effiziente Begleitung. Die Größe der Kelle, meinetwegen auch der Bohrmaschine, entscheidet am besten der Kunde selbst.

Entscheidend für diese Grundhaltung sind hierbei die **Bern'schen 3 Ps:**

- Permission, Erlaubnis – Der Berater gibt die Erlaubnis zum Widerspruch, lädt zu optionalem Denken ein,
- Potency, Macht – Der Klient muss von der magischen Kraft des Beraters überzeugt sein und
- Protection, Schutz – Der Berater muss die seiner seitherigen Überlebensstrategien beraubten Handlungsstereotype zunächst stützen und schützen.

Die drei Ps und das häufig verdrängte Thema der sekundären Belastung des Trainers

Manchmal ist es ein Greuel, wenn Ohnmächtige Ohnmächtige trainieren, supervidieren, coachen oder auch beraten. Woody Allen fragte einmal: „Wie kann ich mich meines Lebens freuen, wenn andere Menschen leiden?" Damit nicht Ohnmächtige Ohnmächtige trainieren, supervidieren, coachen oder auch beraten, stellt sich gerade für Berater, die über ein hohes Maß der Fähigkeit an empathischer Begegnung verfügen, immer wieder die Frage, inwieweit sie sich zu sehr von den Schilderungen und den damit einhergehenden Bildern der primär Belasteten, in diesem Sinne der Klienten, **anspringen** lassen. Sozusagen die eigene Ohnmacht in den Beratungsprozess mit einbringen. Alleine das

Anhören von dramatischen Erlebnissen oder als Ohnmacht empfundenen Erlebnissen gegenüber Dritten kann beim Berater zu ähnlichen Reaktionen führen wie beim direkt Betroffenen selbst. Eingrenzende Beobachtungsfelder können sein:

- Führungsverhalten und Firmenpolitik,
- Umgang mit Kennzahlen,
- Kompetenzmangel,
- Ohnmacht der Arbeitnehmervertretung,
- Negative Beziehungen,
- Gutachterverhalten,
- Umgang mit Schuld,
- Gewalt,
- Inkompetenz der „Mächtigen".

Gerade bei der Entwicklung von Beratungszielen kommt es ganz entscheidend darauf an, die kritische Distanz zu wahren und diese in der Arbeitsphase kontinuierlich zu überprüfen. Als Berater solltest du dir immer wieder, insbesondere bei der Auftrags- und Zieleklärung, die Fragen stellen:

- Was denke ich?
- Was fühle ich?
- Was unternehme ich?

Zur Abwehr der sekundären Belastung kommt es darauf an, kognitiv und emotional klar zu bleiben. Hilfreich ist hierbei nachstehender Eigencheck.

Verfügst du bei der Eingrenzung der Themenfelder über die kritische Distanz? Gehe in nachstehende Skalierung. 0 heißt „hoch distanziert", 10 heißt „bin in hohem Maße angefasst". Soweit du einen Handlungsbedarf bei dir feststellst, beispielsweise Überweisung an andere, eigene Supervision etc., dann kennzeichne dies unter dem Handlungsfeld H.

Sekundäre Belastung	Skalierung	H
Das Erzählte triggert, berührt eigene Themen	0 ⟵⟶ 10	
Teile die Wut des Klienten	0 ⟵⟶ 10	
Teile die Schadenfreude des Klienten	0 ⟵⟶ 10	
Teile die Angst des Klienten	0 ⟵⟶ 10	
Teile die Ohnmacht des Klienten	0 ⟵⟶ 10	
Teile die Vorwürfe des Klienten	0 ⟵⟶ 10	

Tabellenfortsetzung siehe nächste Seite

Verliere die Präsenz, die Fähigkeit zu powern	0 ←⟶ 10	
Teile das Misstrauen und die Vorwürfe an andere	0 ←⟶ 10	
Verharre zu sehr auf Details, die der Klient momentan vermeidet	0 ←⟶ 10	
Interveniere und konfrontiere hinter der Grenze	0 ←⟶ 10	
Verlasse situationsangemessenes Beratungsengagement	0 ←⟶ 10	
Bin auch zwischen den Terminen gereizt beim Kliententhema	0 ←⟶ 10	

Reflektion: sekundäre Belastung

Solltest du mehr als 3 Handlungsfelder gefunden haben, wäre eine Überweisung des Klienten angezeigt und bedeutet für dich Loslassen und ggf. Bedarf an eigener Supervision.

Grenzen spüren, neugierig bleiben

Wirkung erzielen bedingt ein Raus aus dem Gefühlsstau. Letztlich ist Wirkung abhängig vom Verhalten. Die Einstellung beeinflusst Verhalten und Ergebnisse.

Hey, kommste mit?

Abbildung: Einstellung und Verhalten

In jeweiligen Engpässen bzw. Dystressphasen einzelner Lebenssituationen, manchmal auch ganzer Lebensabschnitte, kann es zu einer enormen Vermischung vom Bewerten der Situation und der damit einhergehenden Gefühlswelt kommen. Zwischenzeitlich ist auch immer weniger umstritten, dass entsprechende körperliche Reaktionen in solchen Grenzbereichen mit einhergehen. Ein situationsangemessenes Agieren ist dann zumeist nicht möglich.

In beruflichen wie auch privaten Kontexten wirken hin und wieder nicht aufgelöste Themen. Meistens werden diese auf den ersten Blick als nicht veränderbar wahrgenommen und bleiben somit unbearbeitet. Gerade solche Faktoren, die permanent Stress auslösen, werden in manchen Unternehmen bewusst wahrgenommen. Sie zu kommunizieren und damit lösungsorientiert anzugehen, gilt als nicht schicklich. Ein Gefühlsstau wird kontinuierlich gepflegt.

Stressoren eingrenzen und kommunizieren, Muster auflösen

Nachstehende Stressoren-Liste kann helfen, deine hinderlichen Muster im Alltag zu erkennen. **Grübelst** du hin und wieder über einen oder mehrere Stressoren?
Soweit du einzelne Stressoren für dich festmachen kannst, gilt es zunächst, diese nach dem von dir empfundenen Härtegrad zu priorisieren. Danach kannst du eine Zuordnung zu deiner aktuellen Rolle vornehmen, beispielsweise Führungskraft, Mitarbeiter, Elternteil etc. Brauchst du zur Auflösung verstärkt Netzwerke?

Liste der Stressoren, partnerbezogen

1. Überflutung eingebrannter Bilder	6. „Beeil-Dich"-Krankheit
2. Verlust	7. Chronische Sorgen
3. Verlust von Zielen	8. Langewelle
4. Negative Beziehungen	9. Umgebung
5. Einsamkeit	

Priorisierung	Rolle

Merkmale der subjektiven Wahrnehmung akzeptieren und in Netzwerken kommunizieren.

Abbildung: Stressoren-Mix

Das wahre Feuer der Begeisterung zu erhalten, bedingt, konfliktäre Situationen frühzeitig zu erkennen und entsprechend zu handeln. Energieziehende Schwelbrände müssen entdeckt und gelöscht werden.

Solange es gelingt, in Bewusstheit neugierig Chancen und Herausforderungen anzunehmen und zu gestalten, sind wir bestens für den weiteren Lebensweg gerüstet. Im Fokus stehen meistens:

- Psychosomatische Störungen,
- Gewalttätigkeit,
- Sucht,
- Depression,
- Krise,
- Stressreaktion sowie
- Konflikte in der privaten wie auch beruflichen Organisation.

Für die **Löscharbeiten dieser Schwelbrände** reicht meistens schon ein **Herandenken und -fühlen** an andere Sichtweisen. Vielleicht kannst du mit Hilfe dieses Handbuchs Lösungen erarbeiten und in deiner Praxis testen.
In den jeweiligen privaten wie auch beruflichen Lebensbereichen wird meistens früh erkannt, ob sich eine Störung abzeichnet. Gleichwohl werden die Umstände, die auf eine kritische Situation hinweisen, nicht wahrgenommen bzw. ausgeblendet. In Passivität führendes Vermeidungsverhalten ist die Folge, dem Feuer der Begeisterung wird so Schritt für Schritt die Nahrung entzogen.

Im Allgemeinen bestehen die Fallen in privaten wie beruflichen Konfliktbereichen:

- Unterschiede in Zielen und Interessen,
- Unterschiede in Wertvorstellungen,
- Unterschiede in Wahrnehmungen des Problems,
- Macht-Status, Rivalität,
- Unsicherheit – Mangel an Kompetenzgefühl,
- Widerstand gegen Veränderung,
- Rollenverständnis-Diskrepanz,
- Suche nach Identität,
- Persönliche Bedürfnisse,
- Mangel an Kommunikation.

Es gilt, die Quellen negativer Einstellungen zu finden, meistens sprudeln aus ihnen dann auch völlig neue Erkenntnisse und Sichtweisen.

Nachstehende Begleitfragen ermöglichen, alternative Sichtweisen zu entdecken, um möglichst dauerhaft Probleme aktiv anzugehen. Es gilt, Handlungen zu vollziehen, bessere Resultate zu erzielen, dauerhafte Beziehungen zu verbessern, Kreativität zu stimulieren sowie persönliches Wachstum zu genießen.

Situationen erzeugen damit Stimulanz. Zunächst geht es darum, den negativen Stimulanzen im regelmäßig wiederkehrendem Muster auf die Schliche zu kommen. Wie schon gesagt, die jetzt mögliche Selbstreflektion gibt dir die Möglichkeit, deine Schwelbrände zu befunden und vielleicht mit der weiteren Anwendung dieses Handbuchs Änderungen bzw. auch Löschaktionen durchzuführen.

Prüfe deine Dystress-Skala und für dich negative Stimulanzen durch den nachstehenden Situationencheck. Bewerte zugleich den Hitzegrad mit nachstehender Skalierung, 0 heißt „cool", 10 heißt „brennt mich aus". Solltest du Veränderungsbereitschaft bei dir feststellen, dann kennzeichne dies unter dem Handlungsfeld H. Mach dir aber hier noch keine Gedanken über die Maßnahmen und denke auch jetzt dran: Zu kompliziertes und katastrophierendes Denken bremst deine Motivation.

Brandherd/Beobachtungsfeld aus dem Berufsleben	Skalierung	H
Ich lasse mich von Mächtigeren erpressen	0 ⟷ 10	
Ich lasse mich von Projekten zumüllen	0 ⟷ 10	
Wenn ich die Dinge beim Namen benenne, bin ich einsam	0 ⟷ 10	
Ich vertraue zunehmend keinem mehr	0 ⟷ 10	
Ich lasse es zu, hintergangen zu werden	0 ⟷ 10	
Die Leute merken, dass ich nichts mehr zu sagen habe	0 ⟷ 10	
Ich lasse mir jeden Tag Entscheidungen aufdrängen	0 ⟷ 10	
Ich schaue hilflos zu, was für ein Mist täglich entschieden wird	0 ⟷ 10	
Ich komme mit dem sich verändernden Markt nicht mehr klar	0 ⟷ 10	
Ich kann mich nicht durchsetzen	0 ⟷ 10	
Ich kann nicht nein/ja in relevanten Situationen sagen	0 ⟷ 10	
Ich lasse mich mobben	0 ⟷ 10	
Ich finde bei Besprechungen den Einstieg nicht	0 ⟷ 10	
Ich erziele in Gesprächen keine Wirkung	0 ⟷ 10	
Ich schaffe vorgegebene Kennzahlen nicht	0 ⟷ 10	
Andere sagen, ich wirke nicht souverän	0 ⟷ 10	
Ich lasse mir von meinen Mitarbeitern auf der Nase rumtanzen	0 ⟷ 10	

Tabellenfortsetzung siehe nächste Seite

Ich lasse zu, dass andere mir ständig Aufgaben zuweisen	0 ⟵⟶ 10	
Ich schaffe mein Arbeitspensum nicht	0 ⟵⟶ 10	
Ich lasse mich ausnutzen	0 ⟵⟶ 10	
In meinem Team gibt es viele schwelende Konflikte	0 ⟵⟶ 10	
In Verhandlungen laufe ich dem Partner regelmäßig hinterher	0 ⟵⟶ 10	
Ich habe Stress mit Kollegen.	0 ⟵⟶ 10	
Ich habe Stress mit meiner Führungskraft	0 ⟵⟶ 10	
Meine Arbeit ist nichts wert	0 ⟵⟶ 10	
Meine Arbeit macht mir keinen Spaß mehr	0 ⟵⟶ 10	
Ich lasse mich ignorieren	0 ⟵⟶ 10	
Ich fühle mich überfordert	0 ⟵⟶ 10	
Ich habe Angst vor Arbeitsplatzverlust	0 ⟵⟶ 10	
Ich habe nichts mehr zu sagen	0 ⟵⟶ 10	
Ich habe nichts mehr zu wagen	0 ⟵⟶ 10	
Ich komme mit schwierigen Mitarbeitern nicht klar	0 ⟵⟶ 10	
Ich stehe nicht mehr hinter meiner Arbeit	0 ⟵⟶ 10	
Ich komme mit den Rahmenbedingungen nicht klar	0 ⟵⟶ 10	
Ich identifiziere mich nicht mit den Zielen des Unternehmens	0 ⟵⟶ 10	
Ich sehe keine Zukunftsperspektive	0 ⟵⟶ 10	
Bei uns haben nur Klüngel-Leute etwas zu sagen	0 ⟵⟶ 10	
Ich habe Angst vor der Zukunft unserer/meiner Firma	0 ⟵⟶ 10	
Wir waren einmal jemand, jetzt laufen wir unter ferner liefen	0 ⟵⟶ 10	
Ich komme mit der Expansion meiner Firma nicht klar	0 ⟵⟶ 10	
Meine Mitarbeiter trauen sich nichts zu	0 ⟵⟶ 10	
Ich habe keine Akzeptanz mehr bei Mitarbeitern	0 ⟵⟶ 10	
Ich habe keine Akzeptanz mehr bei Kunden	0 ⟵⟶ 10	
Ich habe keine Akzeptanz mehr bei Geschäftspartnern	0 ⟵⟶ 10	

Berne sprach im übertragenen Sinne von einem virituellen Lärm (1949), welcher bei ungelösten Themen immer wieder in die Gegenwart einhämmert. Solltest du mehrere Werte bei fünf plus skaliert haben, könntest du dich für die weitere Arbeit mit diesem Buch auf die drei anscheinend schwierigsten Beobachtungsfelder konzentrieren. Wahrscheinlich kennst du auch schon mögliche Lösungen und vielleicht siehst du dich nicht fit für die Maßnahmen. Egal. Bleibe bei den möglichen Lösungen.

Brandherd/Beobachtungsfeld aus dem Privatleben	Skalierung	H
Ich komme mit der Trennung von… nicht klar	0 ←――――→ 10	
Ich komme mit dem Tod von… nicht klar	0 ←――――→ 10	
Eine mir nahe stehende Person hatte einen schweren Unfall	0 ←――――→ 10	
Ich habe eine schlimme Krankheit	0 ←――――→ 10	
Ich hatte einen schlimmen Unfall	0 ←――――→ 10	
Hilfe, ich habe mich in jemanden (anderen) verliebt	0 ←――――→ 10	
Ich bekomme mein Privatleben nicht geregelt	0 ←――――→ 10	
Ich habe ein Superangebot, kann mich aber nicht entscheiden	0 ←――――→ 10	
Ich komme mit einer Entscheidung nicht klar	0 ←――――→ 10	
Ich will schon lange aus meiner Beziehung raus	0 ←――――→ 10	
Mein Partner hat mich verlassen	0 ←――――→ 10	
Ich habe häufig Angst	0 ←――――→ 10	
Ich bin in Therapie, spüre keinen Erfolg	0 ←――――→ 10	
Ich bin drogenabhängig	0 ←――――→ 10	
Ich bin süchtig nach …	0 ←――――→ 10	
Mein Partner ist drogenabhängig	0 ←――――→ 10	
Mein Partner ist süchtig auf…	0 ←――――→ 10	
Meinem Partner droht Gefängnis	0 ←――――→ 10	
Meinem Kind wird Hyperaktivität bescheinigt	0 ←――――→ 10	
Ich kann meine Herkunftsfamilie nicht loslassen	0 ←――――→ 10	
Ich komme mit dem beruflichen Wechsel meines Partners nicht klar	0 ←――――→ 10	
Mein Partner ist krank	0 ←――――→ 10	
Mein Kind rutscht in die extrem linke/rechte Szene ab	0 ←――――→ 10	
Ich lasse mich von Rechtsstreitigkeiten zermürben	0 ←――――→ 10	
Ich komme mit Einsatzbildern nicht klar	0 ←――――→ 10	
Zu Hause merken sie, dass ich nichts zu sagen habe	0 ←――――→ 10	
Ich habe Probleme mit dem Alterwerden	0 ←――――→ 10	
Ich lasse mich von meinem Partner immer wieder ausnutzen	0 ←――――→ 10	
Mein Nachbar ist eine Katastrophe	0 ←――――→ 10	
Ich habe den Spaß an gemeinsamen Aktivitäten verloren	0 ←――――→ 10	
Ich schlafe schlecht	0 ←――――→ 10	
Sie verheimlichen mir ständig etwas	0 ←――――→ 10	

Tabellenfortsetzung siehe nächste Seite

Ich bin wirtschaftlich am Ende	0 ←——————→ 10	
Mir droht die Altersarmut	0 ←——————→ 10	
Ich spüre, wie die Beziehung zerrinnt	0 ←——————→ 10	
Ich bin häufig antriebsarm, apathisch	0 ←——————→ 10	
Ich bin häufig antriebsgesteigert, unangemessen grantig	0 ←——————→ 10	
Ich neige zunehmend zu Sarkasmus und Zynismus	0 ←——————→ 10	
Häufig denke ich „Wenn doch das Leben nur bald vorbei wäre."	0 ←——————→ 10	
Ich spreche oft über Vergangenes	0 ←——————→ 10	
Ich denke oft an verpasste Chancen	0 ←——————→ 10	

Reflektion: Befundungstabelle

Wie viele Handlungsfelder hast du gefunden? Sollten es mehrere sein, dann konzentriere dich bei der weiteren Lektüre auf die maximal 3 am einfachsten angehbaren.

TA als Löschmittel gegen Schwelbrände

TA-Anwender gehen davon aus, dass Menschen in bestimmten **Rollen und Befindlichkeiten** mit ihren Kommunikationspartnern Kontakte aufbauen und durchführen. Hierbei spielen die Ich-Zustände eine entscheidende Rolle. Gemäß dem Motto: energy flowes where attention goes, Energie geht immer dorthin, worauf du deine Aufmerksamkeit richtest. Du kannst mit dem nachstehenden, vereinfachten Herkunftsmodell klären, an welchen Stellen derzeit Stopper für deinen Energiefluss bestehen. Fanita English berichtete einmal am Rande eines Workshops Anfang 2000 humorvoll, dass Ende der 1950er Dave Kupfer und Eric Berne die Grundidee hierfür auf einem Bierdeckel in einer Kneipe in San Francisco entwickelt haben.

Spannend ist hierbei, dass in dem Wirrwarr des ständigen Wandels bei dem Aufstöbern von möglichen Störfeldern sich auch Fragen auf Unternehmen bis hinunter zu einzelnen Teams ableiten lassen: **Werten, Denken, Fühlen.** Bei welchen Themen haben diese Grundierungen der frühen Gründer, Direktoren, Abteilungsleiter etc. noch heute Bedeutung? Sind wir der Kernvision treu geblieben oder mittlerweile davon abgerückt? Wahrscheinlich bin ich da noch immer der alte Sozialrechtler bei der Frage: Was ist in 2020 von der Sozialstaatlichkeit von 1975 noch übrig? Das Gleiche könnte auch ein Betriebsrat der Wasserwirtschaft für seine Branche fragen, letztlich ein jeder, der in seinem Umfeld angetreten ist, um diffuser Leere auf die Schliche zu kommen.

Leere ist füllbar. Die Frage ist meistens, wo ist ein guter Zufluss?

Das Herkunftsmodell der TA, für komplizierende Denker viel zu einfach…

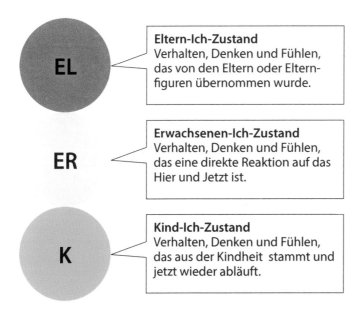

Eltern-Ich-Zustand
Verhalten, Denken und Fühlen, das von den Eltern oder Elternfiguren übernommen wurde.

Erwachsenen-Ich-Zustand
Verhalten, Denken und Fühlen, das eine direkte Reaktion auf das Hier und Jetzt ist.

Kind-Ich-Zustand
Verhalten, Denken und Fühlen, das aus der Kindheit stammt und jetzt wieder abläuft.

Abbildung: Das Herkunftsmodell

Berne und Kupfer haben sich hier zunächst am **psychischen Apparat** nach der Theorie Freuds orientiert: Das Es, das Ich und das Über-Ich. In Abgrenzung hierzu gingen sie davon aus, dass Eltern- und Erwachsenen-Ich kontinuierlich entwicklungsfähig sind, sei es durch Reflektion, ständiges Hinterfragen und Überprüfen. Dem Kind-Ich geben sie Raum für permanente Entfaltung. Personelle Entwicklung läuft hierbei über den radikalen Schutz des Kind-Ichs, sozusagen der Beibehaltung und fürsorglichen Pflege dieses Ich-Zustandes. Das Ziel personeller Entwicklung ist hierbei, den Basisgefühlen:

- **Freude,**
- **Wut,**
- **Angst** und
- **Trauer**

Raum zu geben. Häufig ist es aber dem Kind verwehrt, solche Gefühle, z. B. Wut, in den jeweiligen Situationen zu zeigen. Die Angst der Eltern-Figuren: „Was soll aus dem Kerlchen mal werden, wenn er sich schon jetzt wegen solcher Kleinigkeiten aufregt", ist ursächlich für das Entwickeln eines Ersatzverhaltens. Wohin soll er mit seiner Wut? Bei den Nachbarn klingeln und um Adoption bitten? Nein, er wird ein Ersatzverhalten (Rackets) aufbauen.

Wie stimuliere ich andere, mich im Dystress zu beachten?
Im Dystress besteht die Gefahr, unbewusst in ein solches Verhalten zu gehen. Stelle dir mal einen Kunden in einem Baumarkt vor, richtig sauer, weil kein Berater in der Nähe ist. Nach drei Minuten (!) entdeckt er einen, pirscht sich an ihn heran und formuliert sein Anliegen eher unterwürfig, mitleidheischend: „Entschuldigung, könnten Sie mir bitte sagen, wo ich die 10er-Schrauben finde?" Er ist Kunde, der andere Verkäufer. „Entschuldigung" und „bitte" anstelle eines einfachen „Hallo, wo sind die…" Er will ja die Schrauben nicht geschenkt bekommen, wird an der Kasse irgendeinen Preis bezahlen.

Nehmen wir einmal an, dass dieser Kunde in der beruflichen Rolle ein Manager ist, wie verhält er sich im Unternehmen nach oben, wie nach unten? Welchen Preis bezahlt er Tag für Tag dort? Es könnte sein, dass er im Racket gegenüber den Teamleitern auf Mitleid heischen geht, in etwa: „Ich kann da ja auch nichts ändern, ist einfach mal so vorgegeben!" Ein lockeres: „Ja, ist derzeit so, wie gehen wir damit um?", wäre die lösungsorientierte Variante und für alle Beteiligten eher mit Wirkung behaftet.

Wie gehst du mit deinen Basisgefühlen um? Hier ein Reflektionstest:
Du hast nun die Möglichkeit, den Mustern deiner aktuellen Lieblings-Rackets auf die Spur zu kommen. Soweit dir an einer Auflösung dieses Ersatzverhaltens gelegen ist, kannst du in deinem nahen Umfeld Feedback-Verträge schließen, um den Ausstieg zu beschleunigen.

Auswertung Rackets	Skalierung 0 (niemals) – 10 (absolut)
Jammern, klagen	0 ⟵⟶ 10
Mitleid heischen	0 ⟵⟶ 10
Depressiv sein	0 ⟵⟶ 10
„Ich habe keine Zeit"	0 ⟵⟶ 10
„Ich habe so viel zu tun"	0 ⟵⟶ 10
„Ich bin so beschäftigt"	0 ⟵⟶ 10
„große Schwester"	0 ⟵⟶ 10
„großer Helfer"	0 ⟵⟶ 10
Missionar	0 ⟵⟶ 10
Guru	0 ⟵⟶ 10
Überlegen sein	0 ⟵⟶ 10
Fachexperte	0 ⟵⟶ 10

Tabellenfortsetzung siehe nächste Seite

„Komm her, ich helfe dir"	0 ⟵⟶ 10
Witzig sein, charmant sein	0 ⟵⟶ 10
Showmaster	0 ⟵⟶ 10
Etwas losmachen	0 ⟵⟶ 10
Alles kritisieren	0 ⟵⟶ 10
Gegen alles sein	0 ⟵⟶ 10
Anklagen, Staatsanwalt spielen	0 ⟵⟶ 10
Mürrisch, grantig sein	0 ⟵⟶ 10
Ärgerlich sein	0 ⟵⟶ 10
Nörglerisch, rebellisch sein	0 ⟵⟶ 10
Sarkastisch sein	0 ⟵⟶ 10

Reflektion: Rackets aufdecken

Rackets werden meistens aus der Herkunftsfamilie ungeprüft „mitgeschleift" bzw. transgenerational mit übernommen.

Transgenerationale Weitergabe der Gefühlstaubheit

Smog von damals

In 2020 ist dies im europäischen Kontext, insbesondere auch in Deutschland, eine noch immer ungewohnte Betrachtung. Ich kann jedoch auf der Grundlage einer jahrzehntelangen Trainings- und Beratungserfahrung für diesen Aspekt werben und danke einem meiner stärksten Ausbilder, Dr. George Kohlrieser, an dieser Stelle. George gab schon 1980 für mich als jungen Trainer Einblick in diesen Ansatz. Er hat damit in TA-Kreisen zusätzliche bahnbrechende Arbeitsmöglichkeiten geschaffen. Du fragst jetzt vielleicht, warum ich dies allen weiteren Ausführungen voranstelle? Und zu Recht, was hat das mit dir zu tun? Nun, nach Radebold (2000), Dörr (1998), Friedrich (2002) und Overmanns (2000) waren in

- I. Weltkrieg: ca. 13 Millionen Soldaten, die militärische Verlustquote betrug ca. 1,8 Millionen. (14 %),
- II. Weltkrieg: ca. 18 Millionen Soldaten, hier betrug die militärische Verlustquote ca. 5,3 Millionen. (14 %).

Von den Geburtsjahrgängen 1910–1925 starb jeder Dritte als Soldat (ca. 34 %). Das Trauma des Heimatverlusts traf zwischen 1944 und 1947 auf ca. 14 Millionen Menschen. Hierbei kamen auf der Flucht und Vertreibung ca. 470.000 Zivilisten ums Leben. Die zivilen Opfer des Bombenkrieges sind mit ca. 500.000 beziffert.

Gefallene/Vermisste hinterließen mehr als 1,7 Millionen Witwen und fast 2,5 Millionen Halb- und Vollwaisen. Im Frühjahr 1947 waren noch 2,3 Millionen Kriegsgefangene in den Lagern der West-Alliierten und ca. 900.000 in sowjetischen Lagern. Die Gesamtzahl der Vergewaltigungen wird auf ca. 1,9 Millionen geschätzt.

Nachstehende Abbildung sensibilisiert vielleicht ein wenig für die eigene Familienge-schichte, ausgehend von den Traumatisierungen des II. Weltkrieges.

Abbildung: Der transgenerationale Aspekt des Gefühlsstaus

Eine wesentliche Annahme ist hierbei, dass der 8. Mai 1945 für Freiheit und Ende der Na-zi-Diktatur steht, gleichwohl es wenig Gefallen fand, die mit dem Kriege und der Nazi-Herr-schaft einhergehenden Traumatisierungen zu bearbeiten. Es war weder in der BRD noch in der DDR gesellschaftlich erlaubt, Verluste, egal auf welchen Ebenen, mit den Basisgefühlen zu belegen. Vieles entschwand in das Reich der mystischen Familiengeheimnisse und erst in neuester Zeit besteht in vielen Familien eine Bereitschaft, dem Drama der Eltern und Großeltern in der Spurensuche zu folgen. Gefühlstaubheit ist damit häufig ein übernom-menes Drehbuch aus der Familiengeschichte heraus, meistens auch eine Verleugnung für die Fähigkeit, im Grenzbereich der Kommunikation zu den eigenen Gefühlen zu stehen und diese zu äußern. Wie soll das auch gehen, wenn dieses: „Halt' s Maul, sonst kommste nach Dachau!" und andere Einschärfungen noch heute wirken? Und mal Hand aufs Herz, kennst du nicht auch Unternehmen, in deren Eingangsbereichen ein Schild fehlt, dieses: „Achtung, Sie verlassen hier den demokratischen Teil der Bundesrepublik Deutschland?"

Smog von heute

Übrigens, weitgehend an der Bewusstheit der Öffentlichkeit vorbei gewinnt dieses Thema auch für jüngere Generationen wieder an Bedeutung. So ist es in bundesrepublikanischen Wohnzimmern auch in 2020 wenig bekannt, dass die jeweiligen Bundestagsabgeordneten seit 1992 bis heute ca. 410.000 Soldaten in Auslandeinsätze, häufig eben in Kriege, geschickt haben. Diejenigen, die mit Störungen der unterschiedlichsten Art zurückkommen, werden überwiegend alleine gelassen. Sie müssen die Folgen der Einsätze im Familien- und Freundeskreis abarbeiten, was häufig nicht gelingt. Erst in 2010 wurden Diagnosen wie posttraumatische Belastungsstörung, Anpassungsstörung, Angststörung etc. den Betroffenen bewusst. Gerade für Einsatzgeschädigte der ersten Kontingente, wie beispielsweise Kambodscha, Somalia, Kosovo und Afghanistan hatte dies eine hohe Bedeutung, zumal sie erstmalig für ihre Störung eine Diagnose erhalten haben. Es ist auch hier die Frage zu stellen, was heißt das für deren Kinder?

Eine Klientin hatte als Anästhesie-Schwester Ende der 1990er im Kosovo über 4 Monate hinweg Schwerstverletzte aus Minenfeldern geborgen, deren Lufttransporte nach Deutschland begleitet, Verantwortung bei der Aushebung von Massengräbern getragen und vieles mehr in diesem Kriegseinsatz erlebt. Deren achtjährige Tochter kommt 2014 traurig nach Hause und berichtet aus der Schule: „Mami, die Kinder spielen nicht mit mir, deren Eltern haben das verboten. Sie meinen, du als ehemalige Soldatin bist eine Mörderin." Mutter und Tochter vollzogen nun einen Ortswechsel. Am neuen Ort wird die Mutter tunlichst ihre soldatische Vergangenheit erst mal verschweigen.

Smog und mögliche Folgen

In manchen Unternehmen fehlen hierzulande in Masse die Aggressiven, solche, die im eigentlichen Wortsinne davon geprägt sind, auf Lösungen zuzugehen, diese zu pushen und gegebenenfalls auch gegen Widerstand machtvoll umzusetzen. Aggression ist vielfältig und bedeutet im einfacheren Sinne lediglich, die Erfolge freudvoll zu feiern, Verluste offen zu betrauern, Wut ohne Drumherum zu äußern und auf eigene Angst zu bauen.

Verkürzt gesprochen heißt dies: Erfolgreiches Training, nach vorne gerichtete Supervison und Begleitung in Form von Coaching lebt von der genialen Sekunde, sich für Aggression zu begeistern, letztlich die transgenerationale Geiselhaft hinter sich zu lassen.

Gefühlstaubheit entfernen, den Stau auflösen

Im Rahmen der TA-orientierten Entwicklungstheorie führt das Konzept des Lebensskripts in die Erlebens- und Verhaltensmuster, die unser heutiges Leben positiv wie negativ kennzeichnen. Es handelt sich quasi um die Grundierung des aktuellen Seins und zeigt frühe Skriptentscheidungen, die wir in der Kindheit getroffen haben. Provozierend und als Hausnummer gesprochen zwischen dem zweiten und dem achten Lebensjahr.

Solche Beschlüsse erfolgen meistens unter lebensbedrohlichen Empfindungen. So mag ein Entzug von Zuwendung und Liebe das Kind hart treffen und eben zu Ersatzverhalten verleiten. Gleichwohl macht ein solcher Entzug im späteren Erwachsenen-Sein, beispielsweise mangelnde berufliche Anerkennung, eine völlig andere Qualität aus. Zumindest auf den ersten Blick. Sollte aber infolge von harten Dystress-Empfindungen der Erwachsene in Regression gehen, befindet er sich im Skript. Regression bedeutet in diesem Zusammenhang rückwärtsgewandt. Nehmen wir eine 40-jährige Abteilungsleiterin, mehrfach promoviert, die mit ihrer Abteilung im Ranking irgendeines Beobachtungsfeldes an letzter Stelle steht. Wäre sie skript- bzw.- regressionsfrei, dann würde sie über eine klare Verfügbarkeit ihrer Ich-Zustände schmunzelnd rufen: „Leute, wir sind an letzter Stelle, mehr Frust geht nicht, was werden wir tun?" Ginge sie in ihr Skript, würde sie erst mal verschämt sich mehrere Tage nicht zeigen, wäre quasi in der Erlebniswelt einer achtjährigen Grundschülerin, ertappt bei irgendeinem Versagen.

Das Skript wird maßgeblich durch nachstehende Faktoren beeinflusst:

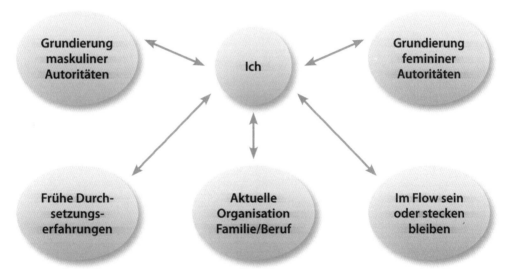

Abbildung: Einflussfaktoren für das Skript

Die Skript-Idee basiert also im Wesentlichen darauf, dass wir in Engpass-Situationen an schädlichen Botschaften oder **Wegweisern** aus der Kindheit festhalten. Die Folge hiervon ist eine Skriptverstärkung, auch wenn es in eine zerstörerische, traurige oder unglückliche Richtung geht. Skripte wirken wie der 2-Sekunden Kleber, sie hemmen, blockieren Selbstwert und gewinnorientierte Aktion. Häufig beobachtbar sind die Skripttypen:

- Niemals-Skript,
- Immer-Skript,
- Danach-Skript,
- Erst-Dann-Skript,
- Beinahe- und Immerwieder-Skript,
- Offener Ausgang-Skript.

Grundierungen aus der Position der Verlierer-Skripte in Gewinner-Überzeugungen zu wechseln, sozusagen den Klebstoff entfernen, ist das Ziel von Training, Supervision und Coaching. Es geht darum, zu entdecken:

- Wie gestalte ich die Herausforderungen meines Führungsalltages?
- Welche aktuellen Engpässe werde ich mit Coaching durchschreiten?
- Welche Verhaltensmuster sind für mich typisch, was ist gut daran und was will ich hinter mir lassen?
- Welche Situationen „passieren" mir immer wieder, wie kann ich sie für mich produktiv lösen?
- Was empfinde ich als Herausforderung in meinem beruflichen Feld, wie gehe ich damit um und was hat das mit mir zu tun?
- Wie gehe ich mit meinen Motivatoren und mit meiner persönlichen Energie um?

Nachstehende Abbildung zeigt Ansätze, neue Verhaltensweisen zu trainieren.

Klebstoff Verlierer-Skript	Was der Gewinner tut
Grantig sein, nörgeln	Sich gut spüren
Die Enge leben	Direkt und offen bleiben
Macht den anderen überlassen	Eigene Kompetenzen pflegen
Besser sein zu müssen	Fehler eingestehen
Permanent Grenzen überschreiten	Visionär bleiben
Andere imitieren	Macht zeigen
Sich nicht zeigen	Sich treu bleiben
Sich in Kontrolle verlieren	Neugierig in Konflikte gehen
Lösungsansätze abwerten	Für permanentes feedback offen sein
Permanentes Dagegen und/oder Dafür-Sein	Auch einmal loslassen können

Abbildung: Verliererskripte auflösen

TA-Anwender achten im Grenzbereich der Kommunikation zunächst auf eigenes Werten, Denken und Fühlen. Humorvoll betrachtet ist Kommunikation eine Begegnung mit den Ich-Zuständen.

Ich-Zustände auch in Krisen verfügbar machen

Eltern-Ich

Dieser Ich-Zustand entspricht den Verhaltensweisen und den Einstellungen, auf andere einzugehen, wie wir es als Kind bei den Eltern oder solchen Personen, die einen ähnlichen Einfluss auf uns nahmen, beobachtet und übernommen haben. Gerade auch Großeltern, markante Paten, früh erlebte Lehrer, Nachbarn etc. können in diesen prägenden Kreis mit einbezogen werden. Damit ist eine **Sammlung von Aufzeichnungen** und ungeprüft übernommener äußerer Ereignisse der Kindheit angelegt.

Wir nahmen als Kind wahr, was solche elterlichen Figuren tun und sagen. Hinzukommen die nicht-sprachlichen Eindrücke, der Klang der Stimme, der Gesichtsausdruck, Zuwendung oder auch Ablehnung. Da das Kind noch nicht imstande ist, Zusammenhänge zu begreifen und die Informationen zu überprüfen, werden sie als wahr aufgezeichnet. Das Erlebte wird als Tatsachenmaterial ohne Korrektur registriert und als Handlungsempfehlung entschieden. Die Aufzeichnungen stehen damit für eine spätere Wiedergabe zur Verfügung. Sprechen wir hier von einer frühen Entscheidung des Kindes, liegt es auf der Hand, sich später in der eigenen Biografie neu entscheiden zu können.

Nutzen wir den Vergleich mit eingepressten Rillen auf einer Schallplatte (für die jüngeren Leser, das sind die Tonträger, welche in Masse auf den Dachböden der Eltern herumliegen), so haben wir für eine Vielzahl von Situationen im täglichen Leben als Erwachsene nicht löschbare Informationen über all das, was man tut und was man nicht tut, was getan und was nicht getan werden sollte. Was wir tun können ist, diesen destruktiven Stoppern das Dämonenhafte zu nehmen. Letztlich geht es darum, in den jeweiligen Situationen handlungsfähig zu bleiben. Häufig werden diese Einprägungen über Sprichworte und Redensarten abgeschrieben, z. B.:

- Das Vögelchen, das morgens pfeift …
- Gehe nie zu deinem Fürst, wenn du nicht gerufen wirst!
- Anständige Menschen machen keine Schulden!
- Lügen haben kurze Beine!
- Wer sich in Gefahr begibt, kommt darin um!
- Müßiggang ist aller Laster Anfang!
- Du darfst später nie …

*Notiere sämtliche Sprichworte und Redensarten, die dir spontan aus deiner Kindheit einfallen. Dich auch heute noch beeindruckende Verhaltensweisen von weiteren Elternfiguren kannst du ebenfalls mit anführen. Ergänze diesen Kreis um frühere Lehrer, Nachbarn, Verwandte, Paten etc. Nutze dann die Skalierung: Verhältst du dich entsprechend oder gegen diese Regeln mit guten Gefühlen, dann skaliere **u**. Solltest du dich hierbei eher schlecht fühlen, dann skaliere **s**.*

Sprichwort, Redensart, Verhalten	Skalierung s – u
	s ⟵————⟶ u
	s ⟵————⟶ u
	s ⟵————⟶ u
	s ⟵———— u
	s ⟵————⟶ u
	s ⟵————⟶ u
	s ⟵————⟶ u
	s ⟵————⟶ u
	s ⟵————⟶ u

Reflektion: Für Botschaften sensibilisieren

Solche Regeln oder auch Anweisungen können später sehr nützlich sein, wenn es zum Beispiel darum geht, in kritischen Situationen ohne langes Nachdenken schnell und sicher reagieren zu können. Oder es sich um Normen handelt, die allgemein anerkannt sind und für das menschliche Miteinander wichtige Spielregeln darstellen. Andererseits gibt es jedoch Situationen, in denen dieses automatische, meist zwanghafte Verhalten der momentanen Situation nicht angemessen gegenüber erscheint.

Im Unternehmen erleben wir dies möglicherweise dann, wenn zum Beispiel eine Äußerung eines Gesprächspartners nicht dem Normen- und Wertegefüge des Eltern-Ichs des anderen Gesprächspartners entspricht. Ganz automatisch, ohne Nachdenken, hören wir dann Reaktionen wie:

„Das kann nicht sein!" oder „Das haben wir doch noch nie so gemacht!" etc.

Aber auch nicht-sprachliche Reaktionen sind dabei beobachtbar. Vor kurzem hatte ich einen Klienten in der Beratung, der sich völlig entspannt und gelassen an einer Diskussion beteiligt hatte. Als sich das Gespräch einem Punkt näherte, der seinen Werten widersprach, kam es auf einmal zu einer völlig verkrampften Gestik. Unter vier Augen später daraufhin angesprochen und befragt, woher er denn von früher ein solches Verhalten kenne, meinte er, dass sein Vater sich häufig so in entsprechenden Situationen verhalten hätte.

Nun können wir elterliche Botschaften nach ihrer Art und Zielsetzung unterteilen in:

- das **strenge Eltern-Ich** und das
- **unterstützende Eltern-Ich.**

Strenge Botschaften haben meistens einen wertenden Charakter, werden strafend oder strafandrohend empfunden. Unterstützende hingegen beinhalten häufig eine Erlaubnis oder Hilfestellung. Für die Kommunikationsbeziehung können jedoch auch diese gefährlich sein, zumeist dann, wenn die Unterstützung nicht der Situation angemessen oder gar als unnötig empfunden wird. Beispiele für strenge Elternbotschaften:

- **Streng dich an!**
- **Beeil dich!**
- **Mach's mir recht!**
- **Sei stark!**
- **Sei perfekt!**

Im späteren Erwachsenen-Leben kann sich das dann so anhören:

- Der Chef hat immer recht!
- Bei uns in der Abteilung haben auch Sie vereinbarte Termine einzuhalten!
- Nie kann man sich auf Sie verlassen!
- Das ist doch kompletter Mist den Sie mir da vorlegen!
- Das mit den Kennzahlen werden Sie nie begreifen!

Ein großer Teil solcher Schlussfolgerungen ist und bleibt sinnvoll – zum Beispiel für ein Kind das Verbot:„Lauf nicht in die Brandung!" oder die Warnung:„Sei vorsichtig, wenn du etwas Heißes trinkst!" Andere können massiv schaden, vor allem, wenn sie immer wieder massiv verstärkt werden. Sie sind wie vernarbte Verwundungen der Seele.

Beispiele für unterstützende Botschaften:
• „Das kann jedem passieren. Machen Sie doch erst mal eine kleine Pause!"
• „Kopf hoch, Unkraut vergeht nicht. Zusammen werden wir das schon packen!"
• „Dass Sie das bis heute geschafft haben, ist einsame Klasse!"

Soweit ein häufiges Reagieren aus dem Eltern-Ich-Zustand stattfindet, wertet sich diese Person in ihren Fähigkeiten, sich als Erwachsener in Konfliktgesprächen auch ruhig und der Situation angemessen verhalten zu können, ab – und damit meist auch den Gesprächspartner.
Diese eingefahrenen Muster lassen sich von der Quelle her auch über nachstehenden Reflektionstest aufdecken:

Welche elterlichen Botschaften, Verhaltensmuster, Aussagen etc. sind dir erinnerlich beim Umgang mit nachstehenden Personen oder auch Themen. Skaliere auch hier in eher abfällig, abwertend oder eher relaxt, stressfrei.

Akzeptierte Verhaltensmuster	Skalierung s=eher abfällig, abwertend, u=eher relaxt	
Führungskräfte	s ⟵⟶	u
Pfarrer	s ⟵⟶	u
Ärzte	s ⟵⟶	u
Lehrer	s ⟵⟶	u
Politiker	s ⟵⟶	u
Erfolgreiche Bekannte	s ⟵⟶	u
Arbeit	s ⟵⟶	u
Leistung	s ⟵⟶	u
Schulischer Wettbewerb	s ⟵⟶	u
Lohn	s ⟵⟶	u
Arbeitsfreude	s ⟵⟶	u
Erfolg	s ⟵⟶	u
Macht	s ⟵⟶	u
Eigentum	s ⟵⟶	u

Reflektion: Eltern-Ich-Blockaden erkennen

Kind-Ich

In diesem Zustand verfestigt sich alles an Spontanem und Gefühlsmäßigem. Damit ist das Kind-Ich die Summe der Aufzeichnungen aller inneren Ereignisse - die Reaktionen des Kindes auf all das, was es sieht, hört und erlebt. Ähnlich schnell und undurchdacht wie bei Aktionen aus dem Eltern-Ich heraus handeln wir auch spontan, zum Beispiel, wenn wir ungeachtet der Einstellungen anderer das tun wollen, was uns im Moment die meiste Freude bereitet. Oder wenn wir ganz unverblümt das sagen, was uns im Moment gerade auf der Zunge liegt.

Dementsprechend ist in der nächsten Selbstreflektion deine unbedingte, nicht prüfende Spontanität gefordert:

Notiere mindestens 20 Dinge, die dir im Beruf oder in der Freizeit Spaß machen oder die du gerne tun würdest. Es spielt dabei keine Rolle, ob du diese Dinge tatsächlich schon tust, ob du dir die Erfüllung der Wünsche für einen späteren Zeitpunkt fest vorgenommen hast oder ob du es dir bisher einfach nur wünscht, diese Dinge zu tun. Skaliere dann den Grad des Tuns – 0 ist gar nicht und 10 ist total. Mache dir dann bei den Skalierungen, die eher gen 0 reichen, die Ursachen klar. Vermeide die billig produzierte Aussage: Ist klar, dafür habe ich keine Zeit und/oder kein Geld.

Was mir Spaß macht	Skalierung 0=gar nicht, 10=total
	0 ⟷ 10
	0 ⟷ 10
	0 ⟷ 10
	0 ⟷ 10
	0 ⟷ 10
	0 ⟷ 10
	0 ⟷ 10
	0 ⟷ 10
	0 ⟷ 10
	0 ⟷ 10
	0 ⟷ 10
	0 ⟷ 10
	0 ⟷ 10

Tabellenfortsetzung siehe nächste Seite

	0 ⟵——————⟶ 10
	0 ⟵——————⟶ 10
	0 ⟵——————⟶ 10
	0 ⟵——————⟶ 10
	0 ⟵——————⟶ 10
	0 ⟵——————⟶ 10
	0 ⟵——————⟶ 10

Reflektion: Freies Kind und angepasstes Kind entdecken

In Unternehmen, in denen die Förderung kreativer Mitarbeiter groß geschrieben wird, fällt nachstehender Vergleich recht einfach: Stelle dir einmal Kinder beim Sandkastenspiel vor und vergleiche dieses Bild mit einer Gruppe hochdotierter Mitvierziger, die in einem Chemielabor mit Kanülen und Pipetten Forschungsarbeit betreiben. Ein Unterschied hinsichtlich Sich-über-Erfolge-freuen, ausgelassen auszutesten usw. gibt es kaum. Bei den einen ist es die Sandburg, bei den anderen irgendein Produkt. Wir sprechen hier vom **freien Kind-Ich.**

Neben den Basisgefühlen Freude, Wut, Trauer und Angst des freien Kind-Ichs sind im negativ angepassten Kind-Ich auch destruktive Gefühle angesiedelt. Soweit wir nicht situationsgerechte Anpassungen und Hemmungen die Situation bestimmen lassen, übergeben wir gerne anderen oder dem Schicksal die Verantwortung für unser Tun. Anpassung und Resignation anstelle von autonomen Erwachsenenverhalten sind dann die Folge. Forderungen anderer werden – meist unfreiwillig – befolgt. Häufig ist dies der Gehorsam gegenüber frühen Einschärfungen:

Wie verhindere ich meinen Kommunikationserfolg mit nachstehenden Einschärfungen?

Existiere nicht! Die Arbeit ist ein Feld der Anweisung. Kündigung und Insolvenz wird provoziert. Ein Niemand sein ist angesagt.

Sei nicht wichtig! Gefühlstaub werden Arbeiten erledigt, Fließbandarbeit und Mickymaus-Jobs genügen.

Sei nicht du selbst! Individualität verbietende Jobs werden favorisiert. Rollen werden aus Anpassung heraus angenommen und lustlos praktiziert.

Tu es nicht! Erfolg nicht schaffen ist die feinjustierte Grundierung. Ideen haben oder verwirklichen ist nicht erlaubt. Wichtiges wird kontinuierlich versäumt.

Sei kein Kind! Fühle nicht! Den harten Manager spielen und besondere Belastbarkeit zeigen. Sich dem Dystress hingeben.

Schaffe es nicht! Kündigung bzw. Insolvenz provozieren.

Denke nicht! Das Denken den Leuten überlassen, die dafür bezahlt werden.

Sei nicht gesund! Ungesunde Jobs annehmen. Arbeitsunfälle provozieren. In konfliktären Situationen krank werden.

Werde nicht erwachsen! Sei nicht für dich und dein Leben verantwortlich. Bestimme nicht mit, was laufen soll. Sei kein wichtiger Teil der Organisation.

Sei nicht nah! Einzelkämpfer. „Jeder gegen jede"-Einstellung. Teamwork schadet dem Wettbewerb. Immer wenn er vertrauter wird, den Job wechseln.

Reflektion: Einschärfungen spüren

Dies erklärt dann auch, wie gestandene Manager immer wieder in Situationen kommen, in denen sie sich nicht entscheiden wollen und in Äußerungen ergehen wie:

- „Ich würde sagen,…",
- „Darf ich mal…" etc.

Entsprechend dem starken Anpassungscharakter nennen wir diesen **Ich-Zustand:** das **angepasste Kind-Ich.** Es gibt durchaus Situationen, in denen auch ein Handeln hieraus – zumindest im Moment – angemessen erscheint. Stellen wir uns einmal Eltern vor, die von einem Studium im Ausland schwärmen, die finanziellen Mittel hierzu jedoch nicht haben und wenn, dann nur auf Kosten ihrer beider Kinder. Würden sie dem Wunsch ihres freien Kind-Ichs nachgeben, könnte dies fatale Folgen für das weitere Familienleben haben. Im **angepassten Kind** zu verharren und sich nicht wie **Erwachsene** zu entscheiden, ist auf Dauer auch keine zufriedenstellende Lösung. Dazu später im Kapitel **Erwachsenen-Ich.**

Ein Verharren und Reagieren aus dem angepassten Kind heraus ist vergleichbar mit einem Kornsilo: Je mehr Getreide von oben hineingeschüttet wird, desto größer ist die Gefahr zum Überlaufen. Berne nutzte hier die Metapher **Rabattmarkenbuch,** wie es einzelne Lebensmittelketten immer wieder verwenden. Jede Form der Anpassung ist in der Wirkung wie das Einkleben einer Rabattmarke. Je nach Häufigkeit des Einklebens wird das Buch voll und dem anderen zur Endabrechnung vorgelegt.

Dies bedeutet für die betriebliche Praxis: Je mehr Anpassung von Einzelnen verlangt wird, desto mehr besteht die Gefahr, dass die Anpassung nicht mehr ausgehalten wird. Die Frustrationstoleranzgrenzen brechen zusammen. Die **stille Kündigung** oder auch die tatsächliche können Folge hiervon sein. Da die letztere juristisch und auch sonst äußerlich messbar ist, wird in vielen Unternehmen hauptsächlich nur darauf geachtet und gehandelt. Ob stille Kündigung oder lautstarkes, nach außen gerichtetes Verhalten, in beiden Fällen haben wir es dann mit einem Verhalten aus dem **rebellischen Kind-Ich** zu tun. Hier zeigt sich nicht die Wut. Nicht steuerbare Rebellion und Ärger bestimmen das Surfen auf der Frustrationswelle, zum Beispiel über Missachtung bestehender Bedürfnisse oder über einen als ungerechtfertigt angesehenen Angriff.

Problemsüchtige in Change-Prozessen

Grenzbereiche entstehen, wenn Partner kontinuierlich das Ohnmachtsdenken ködern: „Ist es nicht schrecklich",„Immer mir/uns muss das passieren",„Für andere mögen die Konzepte stimmen, aber doch nicht für uns", oder gar ständiges nach dem „Warum" fragen. Diese Widerstände sind billig produziert und führen meistens zum Angriff auf die Person des Gestalters und/oder dessen Konzepte. **Lauwarm Frustrierte** kreisen im chronischen Sorgendenken. In **emotionaler Taubheit** Verharrende erst recht. Für Lösungsdenken gilt, den Frustrationsgrad zu messen und ggf. zu steigern.

Frustrationsgrad versus Motivationsphobie

Auf einer Skala von minus 10 über 0 bis hin zu plus 10 jeden Punkt in der Einschätzung der Demotivationskraft bewerten. Wodurch könnte es dir gelingen, jeden Punkt zumindest auf null zu bringen? Was könntest du/andere sagen oder tun, um auf plus 5 oder plus 10 zu kommen?

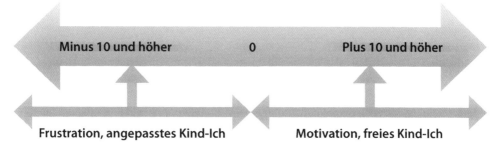

Abbildung: Der „Überlauf" des angepassten Kind-Ichs

Frustrationstyp

Mach dir klar, dass wir für unsere Frustrationen hart arbeiten und zumeist in die Pflege derselben eine Menge Zeit, Energie und vielleicht auch Geld stecken. Ich unterscheide hier in Hindernis- und Langeweile-Frustration.

Bei der **Hindernis-Frustration** haben wir keine Macht über die Frustrationsquelle. Der Glaubenssatz hierfür ist: „Ich kann mein Ziel nicht erreichen, mein Bedürfnis nicht befriedigen." Es macht hin und wieder Sinn, sogenannte **unfinished-business-Themen** zu orten und diese aufzulösen. Bei der Langeweile-Frustration haben wir sehr wohl Macht über die Frustrationsquelle, bleiben aber passiv. Macht ja doch keinen Sinn. Die Grundeinstellung hierfür ist: **Ich bin ok, du bist nicht ok.** Merkmale sind häufig die Blockaden mangelnde Aufrichtigkeit, mangelnde Direktheit, nicht offen sein in der Partnerschaft, im Team, gegenüber dem Chef, den Kunden.

Hier stellt sich auch die Frage, warum bestimmte Meetings nicht eher als Frustrations-Verstärkungs-Treffen bezeichnet werden. Es gilt, wiederkehrende Muster bei solchen Treffen zu erkennen und aufzulösen. Achte hierbei durchgängig auf die Wirkung deiner Interventionen.

Notiere beim Durchfantasieren des normalen Alltags, was wann passieren muss oder eben auch nicht, damit du mit deiner Lebens- und Arbeitsfreude in den Keller gehst. Achte insbesondere auf die Bereiche:

- Aufwachen, Morgentoilette und Frühstück,
- Fahrt/Gang zur Arbeit,
- erste Gefühle beim Ankommen am Arbeitsplatz,
- Öffnen deiner E-Mails oder sonstige Arbeitsmittel handhaben,
- Was muss Chef, Mitarbeiter oder Kunde tun oder unterlassen für das Reduzieren deiner Arbeitsfreude,
- Was muss in Meetings passieren oder nicht passieren,
- Was beim Verlassen der Arbeit,
- auf dem Nachhauseweg,
- beim ersten Ankommen zu Hause,
- am Abend,
- in der Nacht?

Brandherd/ Beobachtungsfeld	Optionen	Maßnahmen unter Beteiligung von

Reflektion: Sich dem unfinished business stellen

Erwachsenen-Ich

Das **Erwachsenen-Ich** hat nichts mit dem Alter eines Menschen zu tun. Es bedeutet situationsgerecht und sachlich zu handeln. Es beginnt sich zu entwickeln, wenn dem Kind zum ersten Mal der Unterschied zwischen den Aussagen der Eltern oder ähnlich wichtigen Autoritäten und den Gegebenheiten der Wirklichkeit bewusst werden.

Im Erwachsenen-Ich gehen wir sachlich und eher mit weniger Emotionen auf vorhandene Gegebenheiten ein. Damit können wir das Erwachsenen-Ich am ehesten mit einem I-Pad vergleichen, welches alle Erfahrungsinformationen aufnimmt, sie sichtet und uns hilft, sich intelligent und lösungsorientiert, den realen Gegebenheiten entsprechend, zu verhalten und zu entscheiden.

Nehmen wir einmal einen Strohwitwer, der während der Kur der Gattin eine Lampe für das Wohnzimmer kaufen möchte. Ziel ist die freudvolle und unbedingte Überraschung. Er sieht unter Hunderten von Lampen, die teilweise verstaubt an der Decke hängen, eine ganz bestimmte. Das **freie-Kind-Ich** will unbedingt diese, das Eltern-Ich reagiert mit einem Verbot: „Du wirst doch nicht so etwas Grelles in dein Zimmer hängen, was sagen Schwiegermutter und erst recht die Nachbarn zu diesem Fetzen?"

Da beide Ich-Zustände ohne bewusste Überlegung loslegen und sich meist gegenseitig blockieren, könnte im Falle des **Dennoch-Kaufs** nach kürzester Zeit ein wahres Tohuwabohu in seiner Gefühlswelt stattfinden, spätestens dann, wenn sich das Eltern-Ich massiv meldet: „Hättest du doch bloß nicht!" Im Fachjargon sprechen wir hier von einer **Kaufentschlussreue**, übrigens häufig das Ergebnis bei Suggestiv- oder auch Überredungsverkäufern.

In der TA sprechen wir von einem inneren Dialog. Wie eine Überdruckleitung, vorbei am Erwachsenen-Verhalten, streiten sich die Normen mit den Gefühlen. Er läuft Gefahr, zum Problembesitzeigentümer zu werden. Soweit es ihm gelingt, sein Erwachsenen-Ich zu aktivieren und damit den inneren Dialog zu unterbrechen, ist die Wahrscheinlichkeit sehr hoch, dass er sich bewusst entscheidet und auch nachträglich zu seiner Entscheidung steht. Er prüft das Für und Wider, schätzt Wahrscheinlichkeiten ab, findet vielleicht sogar Kompromisse. Die Folge wäre auch, nicht unnötig in Anpassung zu gehen und damit rebellisches Verhalten zu riskieren.

Nachdem wir hier den inneren Dialog zwischen strengem Eltern-Ich und freiem Kind-Ich kennengelernt haben, ist auch interessant, die gegenüberliegende Seite, den inneren Dialog zwischen **rebellischem Kind** und unterstützendem Eltern-Ich zu betrachten. Auch hier ein Beispiel: Kommunikation im Alltag ist in unseren Breitengraden häufig mit Zeremonien verbunden. Denken wir nur an das bei jeder Gelegenheit zu hörende: „Guten Tag, wie geht es Ihnen?" Wie häufig ist mit dieser Frage eben nicht ein tatsächliches Interesse am Wohlergehen des Befragten verbunden?

Da treffen sich zwei. Der eine stellt dem anderen diese Frage, nur eben mal so im Vorbeigehen. Völlig überraschend legt der Befragte zur Antwort los: „Super, einfach toll, wir waren in der Türkei, sind rüber nach Ägypten, machten noch 'ne Tour durch … blah, blah, blah."

So geht das 15 Minuten lang, beim Fragesteller brüllt förmlich das freie Kind: „Hier will ich weg, bloß weg!" Macht er das denn auch? Nein, derweil von oben die Mahnung kommt: „Sei ein lieber Junge, man hört zu, wenn andere reden!" Die Folge hiervon ist ein weiteres 10-minütiges Zuhören, bis eben der Überlauf stattfindet: „Mit mir nicht, diese ewigen Angebereien." Nur bringt er das nicht nach außen, erlebt vielmehr einen inneren Dialog: Das rebellische Kind zum unterstützenden Eltern-Ich: „Du, kann der Döskopp mir so kommen?" Unterstützendes Eltern-Ich zum rebellischen Kind „Nein, mein Gutster, das kann er nicht. Sag ihm das nun auch mal recht deutlich!" Die Reaktion dürfte dann recht streng und abwertend beim unterstützenden Eltern-Ich ausfallen.

Hier ein weiterer Reflektionstest für die erste Analyse der Ich-Zustände.

Du hast hier die Möglichkeit, die jeweiligen Entscheidungen den Ich-Zuständen zuzuordnen. Trage hierbei folgende Abkürzungen ein:

• **Strenges Eltern-Ich:**	**s-El**
• **Unterstützendes Eltern-Ich:**	**u-El**
• **Erwachsenen-Ich:**	**Er**
• **Freies Kind-ich:**	**fK**
• **Angepasstes Kind-Ich:**	**aK**
• **Rebellisches Kind-Ich:**	**rK**

Fallbeispiel I:
Zusammen mit Freunden willst du am Abend ein Spiel Hannover 96 gegen den VfR Heilbronn besuchen. Kurz nach Arbeitsbeginn erfährst du von einem Mitarbeiter, dass er wegen eines Wasserschadens in seiner Küche heute frei nehmen müsse und wohl bis tief in die Nacht mit der Regulierung des Schadens beschäftigt sei. Gleichzeitig äußert er den Wunsch, ob du den für den Abend angesetzten Vortrag vor Inhabern mittelständiger Betriebe, den er halten sollte, übernehmen könntest.

Deine Entscheidung:

1.	Du willigst ein und lässt das Fußballspiel sausen.	
2.	Du lehnst ab, weil dies nun schon in diesem Jahr das dritte Mal ist, dass du gerade von diesem Mitarbeiter kurzfristig mit solchen Neuigkeiten überrascht wirst. Du hast keine Lust dazu, ständig dessen Dinge auszubaden.	
3.	Du rufst zu Hause an und sagst, dass den Freunden Bescheid gegeben werden soll, dass etwas Wichtiges bei dir dazwischen gekommen wäre.	
4.	Du sagst dem Mitarbeiter, dass du versuchen willst, eine Aufzeichnung mit Freunden anzusehen. Wenn das möglich ist, würdest du den Vortrag übernehmen. Wäre es nicht möglich, könntest du den Vortrag leider nicht für ihn übernehmen.	

Fallbeispiel II:

Ein Mitarbeiter, der für eine Terminarbeit verantwortlich ist, kommt am Morgen in einem bedauernswerten Zustand in deine Abteilung. Er fühlt sich offenbar schlecht und es geht ihm nach der gestrigen Feier gar nicht gut.

Deine Entscheidung:

1.	Du sagst gar nichts und wartest erst einmal ab, ob er sich von selbst wieder erholt.	
2.	Du sagst ihm, dass du es einigermaßen unmöglich und verantwortungslos fändest, völlig fertig an einem Tag zu erscheinen, an dem eine Terminarbeit fertig gemacht werden muss.	
3.	Du schickst den Kollegen nach Hause und erledigst die Terminarbeit selbst.	
4.	Du sagst ihm mehr oder minder deutlich, dass der, der „saufen" kann, auch arbeiten kann.	
5.	Du fragst ihn, ob er heute, wie ursprünglich geplant, die Terminarbeit erledigen kann.	

Fallbeispiel III:

Du wirst von einer anderen Führungskraft unsachlich und ungerechtfertigt kritisiert.

Wie reagierst du?

1.	Du lässt die Sache auf sich beruhen, weil jedem einmal die Nerven durchgehen können.	
2.	Du sagst ganz offen, dass diese Kritik eine schwere Belastung darstellt.	
3.	Du beklagst dich über den unsachlichen Ton bei Kollegen.	
4.	Du beschwerst dich bei der nächst höheren Führungskraft.	
5.	Du wartest auf die nächste Gelegenheit, bis diese Führungskraft einen Fehler macht.	

Reflektion: Inneren Dialog prüfen

Typische Verhaltensweisen der Ich-Zustände

Hierzu wird seit eh und je eine Menge geschrieben und trainiert. Das ist auch gut so. Entscheidend ist hierbei nicht, was der einzelne Partner plant oder in seiner Wirkung beabsichtigt. Entscheidend ist vielmehr, wie der andere Partner empfindet. Je nach Steigerungsgrad des Gefühlsstaus kann für den einen pures Erwachsenen-Ich im Vordergrund stehen, wenn gleich der andere eher strenges Eltern-Ich empfindet. Insoweit sind nachstehende Ausführungen nur als Richtwerte für deine eigene Spurensuche gedacht.

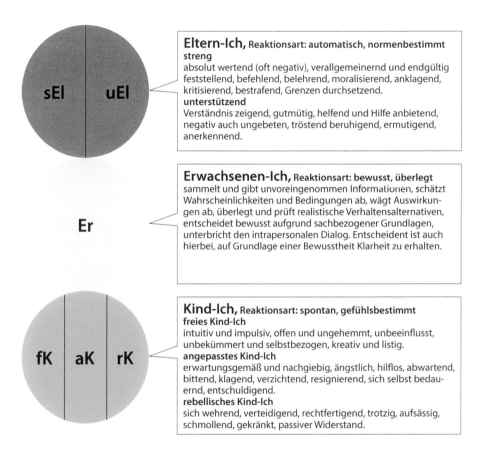

Eltern-Ich, Reaktionsart: automatisch, normenbestimmt
streng
absolut wertend (oft negativ), verallgemeinernd und endgültig feststellend, befehlend, belehrend, moralisierend, anklagend, kritisierend, bestrafend, Grenzen durchsetzend.
unterstützend
Verständnis zeigend, gutmütig, helfend und Hilfe anbietend, negativ auch ungebeten, tröstend beruhigend, ermutigend, anerkennend.

Erwachsenen-Ich, Reaktionsart: bewusst, überlegt
sammelt und gibt unvoreingenommen Informationen, schätzt Wahrscheinlichkeiten und Bedingungen ab, wägt Auswirkungen ab, überlegt und prüft realistische Verhaltensalternativen, entscheidet bewusst aufgrund sachbezogener Grundlagen, unterbricht den intrapersonalen Dialog. Entscheidend ist auch hierbei, auf Grundlage einer Bewusstheit Klarheit zu erhalten.

Kind-Ich, Reaktionsart: spontan, gefühlsbestimmt
freies Kind-Ich
intuitiv und impulsiv, offen und ungehemmt, unbeeinflusst, unbekümmert und selbstbezogen, kreativ und listig.
angepasstes Kind-Ich
erwartungsgemäß und nachgiebig, ängstlich, hilflos, abwartend, bittend, klagend, verzichtend, resignierend, sich selbst bedauernd, entschuldigend.
rebellisches Kind-Ich
sich wehrend, verteidigend, rechtfertigend, trotzig, aufsässig, schmollend, gekränkt, passiver Widerstand.

Abbildung: Merkmale der Ich-Zustände

Solltest du die Spurensuche für dich und deine privaten wie beruflichen Partner intensivieren wollen, dann diskutiere doch mal in lockerem Rahmen diese Abbildung in deinem nahen Umfeld und sei gespannt auf möglichen Ergänzungen.

Beobachtungsfelder von Ich-Zuständen

In der Summe arbeite ich nach folgenden Merkmalen. Auch hier ist deine eigene Interpretation gefordert. Du kannst nachstehende Abbildung nach Belieben ergänzen.

Merkmale	Eltern-Ich	Erwachsenen-Ich	Kind-Ich
Stimme	autoritär, moralisch, belehrend, überheblich, einschleichend, verbietend, befehlend, ratschlagend. Tja, Blödmann, die Kennzahlen umsetzen ist Devise! Sie machen ständig Fehler…! Ups, das gerade von Ihnen zu hören, ist ja allerhand!	gleichmäßig, stetig, Was halten Sie hiervon?, Kühle, Wissen Sie, ob…? Welche Auswirkungen hätte das? Merken das die Mitarbeiter? Entschiedenes Ja/Nein.	ungestüm, weinerlich, überschwenglich, „ich weiß nicht…", unschuldig, „Hau ab, ich will nicht!" Freudig, hell, begeisternd, empathisch, wirkungsvoll, unbelastet, authentisch.
Wortschatz	soll, muss, verpflichtet sein, es gehört sich, immer, niemals, dumm, vulgär, unreif, lächerlich, treulos, gerade du, enttäuschen, alleine lassen…	bearbeitbar, lösbar, praktisch, bewiesen, effektiv, lösen, wirken, Einfluss nehmen, verabschieden.	ohh, ahh, batschklatschzerreiszerfetz, rebellische Wörter.
Gestik/Mimik	verkniffene Lippen, gefurchte Augenbrauen, Bart, Schminke, anklagend erhobener Zeigefinger, Kopf leicht schräg gestellt, Blickstarre.	Gesten, die als sichtbare Hilfen die Kommunikation erleichtern, wach, aufmerksam, Kopf gerade und leicht nach vorn gerichtet, Augen auf den Partner fokussiert.	niedergeschlagen, in sich gesunken, lebhafter, starker Ausdruck, Achselzucken, zappeln, wegtauchender Blickkontakt, Feuer in den Augen, Nasenlöcher zucken.
soziale Reaktion	spricht in anderen das angepasste Kind an, verlangt Anpassung, stimuliert devote Mitläuferschaft, sucht machtvolles Durchsetzen, richtet sich an das Eltern-Ich des anderen.	Richtet sich bei anderen an das Erwachsenen-Ich, wirkt klar und verständlich bei anderen und bei sich selbst. Sucht Wege für einen Kind-Ich-Zugang, stöbert nach genialen Sekunden.	Angelt sich bei den anderen das Eltern-Ich, das kritisieren oder sympathisieren könnte oder das angepasste Kind, das eventuell mitspielen könnte.
Vorgeschichte	„Ich fühlte so wie damals…", „Ich erinnere mich, dass mir das schon mal widerfahren ist."	Was ich sage, klingt stimmig, deutlich und klar für mich.	So ging es mir, als ich erwischt wurde. Mir gefällt das immer. So etwas habe ich noch nie gemacht.

Abbildung: Diagnose von Ich-Zuständen

Authentisches Auftreten ist ein Einklang dieser Merkmale. Gerade auch bei Kritk und Anerkennung zeigen wir Wertschätzung und Respekt im Kontakt.

Im Grenzbereich klar über Ich-Zustände verfügen

Im Grenzbereich der Kommunikation lauert immer wieder die Gefahr, in übernommene Verhaltensmuster abzurutschen. Bernhard Schibalski, wesentlicher Ausbildungspionier der TA in Deutschland, stimuliert immer mal wieder für einen **Blick über den Zaun**. So stellt sich auch hier die Frage, was im Grenzbereich der Kommunikation ein Wohlbefinden bedingt. Vielfach bedeutet dies eine Klarheit über nachstehende Komponenten:

- Belastungsfreiheit,
- Freude,
- Glück und
- Zufriedenheit.

Belastungsfreiheit
In ihrer positiven Ausprägung ist damit ein unspezifisches Wohlbefinden („Es geht mir gut, ich kann über nichts klagen!") gemeint, eine Unbeschwertheit, Offenheit und Aufmerksamkeit für neue Eindrücke. Frustration ist eher nicht bzw. nur lauwarm gegeben, dementsprechend besteht hier auch kein Grund, Energien für Veränderung einzusetzen. Der **intra-personale Dialog** verläuft harmonisch, die Ich-Zustände ergänzen sich in den Werten, im Denken und im Fühlen.

Freuden
Diese sind wiederum emotional starke Empfindungen und an konkrete Situationen gebunden und damit eher kurzfristig. Kennst du das Gefühl, bei Aktivitäten in das Gefühl der **flow-expierences (sich-selbst-fließen-lassen)** zu kommen? Ein wesentliches Moment der Freude scheint dabei zu sein, dass sie nicht ausschließlich durch äußere Zwecke ausgelöst wird. Tagträumen, lesen, wandern, segeln, planen eines Projektes bis hin zum Bummel durch das Kaufhaus. Freuden sind häufig von ganz trivialen Stimulanzen abhängig. Hier ist das freie-Kind-Ich nicht gestört von Einschärfungen und Antreibern.

Glück
Es geht weit über das Wohlbefinden hinaus. Glück beinhaltet Erlebnisse höchster Freude und ist schon eher ein allgemeines Lebensgefühl und Bestätigung dafür, immer wieder zu freudigen Erlebnissen fähig zu sein. Es ist sozusagen eine Grundierung, gerade auch im Grenzbereich der Kommunikation. Nach einer glücklichen Situation zu fragen: „Ich hatte Glück, weil…" ist zumeist nicht so effektiv als festzustellen: „Ich hatte Glück, obwohl…" Hier sind alle drei Ich-Zustände im Gleichklang. Der **Beglückte** kann es manchmal nicht fassen, wie und warum es geschah. Wenn überhaupt, kann er vielleicht seine Grundhaltung hinterfragen. Die Weisheit: „Jeder ist seines Glückes Schmied!", gehört somit in die Tonne negativer Wegweiser.

Zufriedenheit

Zufriedenheit ist die Reflektion im Zustand des Erwachsenen-Ichs, sozusagen eine kognitive Abwägung, sich verschiedene Lebensbereiche klar zu machen. Meistens stehen allgemeine Lebensfragen im Vordergrund: „Welche meiner wichtigsten Ziele habe ich erreicht? Wie schätze ich das Verhältnis positiver und negativer Faktoren in meinem Leben ein?" Das Erwachsenen-Ich prüft hier die Werte und die Emotionen, passend zur jeweiligen Identität.

Viele streben immer wieder nach einem Glückserleben und sind bereit, hierfür auch zu investieren. Gleichwohl, mit einem hohen Maße an unnötigen Anpassungen im Alltag wird das nur mäßig gelingen.

Glückserleben, gleichwohl: von nichts kommt nichts

Extrem positive Emotion

Größte Freude, Überschwänglichkeit, Begeisterung, Entzücken, Aufgehen in der Emotion bestimmen diese Momente. Die drei Ich-Zustände harmonieren in extremster Form. Basisgefühle wie Wut, Trauer und Angst haben keinen Raum.

Höhere Sensibilität

Höhere Aufmerksamkeit für Innen und Außen, Wachheit, Bewusstheit, Schärfung und Öffnung der Sinne sind gegeben. Die Energie fließt und speist die Radaranlagen und Sensoren für eine intensive Wahrnehmung im Hier und Jetzt. Du kannst auch vom dritten Auge sprechen. Es lässt uns Wertvolles sehen, etwas, was wir sonst nicht sehen.

Positive Sicht

Hier handelt es sich meistens um eine selektive positive Wahrnehmung und Erinnerung, gerichtet auf Vergangenheit. Für die Gegenwart und Zukunft steht die Suche nach Verstärkung der positiven Emotion. Auch hier sprechen wir von einer massiven Grundierung, einer Lebenseinstellung, die Verhalten und damit Ergebnisse in völlig anderer Form bestimmt als die des **Glücklosen**.

Von abstrakten, idealen Vorstellungen begleitet sein

Das Wahrnehmen von Schönheit, Einklang, Harmonie, Frieden, Einheit, Erhabenheit, Tiefe, Freiheit, Sinn, Transzendenz, Unendlichkeit bestimmt das **Im-Flusse-Sein**. Die Quellen der Macht über das eigene Leben sprudeln und verschaffen Energie.

Gesteigertes Selbstwertgefühl

Selbstzufriedenheit, positives Selbstkonzept, Identitätsgefühle führen dazu, auch im

Grenzbereich offen für Rückmeldung zu sein. Die Kanäle für das Wahrnehmen der aktuellen Identität sind geöffnet und bilden Grundlagen, Erlebnisse hinter den seitherigen Grenzen zu genießen, manchmal auch Neu-Entscheidungen Raum zu geben.

Soziale Aufgeschlossenheit

Glück fördert die Neugier, das Gespanntsein auf das, was möglich ist. Bestehende Beziehungen werden gepflegt, der Kontakt und der Ausbau von Netzwerken stehen im Vordergrund. Personen und Themen dienen als Grundlage, das Glück zu teilen.

Spontanität und Produktivität

Glückserleben gibt negativen kreisenden Gedanken keinen Raum. Es besteht die Fähigkeit, schnell, entschlossen und flexibel zu handeln. Die Handlungsenergie ist hierbei auf die Kraft im Hier und Jetzt fokussiert. Für katastrophisierende und komplizierte Phantasien, das schädliche Grübeln, gibt es ebenfalls keinen Raum.

Proglück- versus Antiglückhaltungen

Die Grundierung für Glück braucht Entscheidung, Investition und Training im Alltag. Es gilt, die Möglichkeiten zu träumen, Entscheidungen zu treffen, bereit zu sein, den Preis zu zahlen, sich zu engagieren und sich zu verpflichten. Hierfür brauchen wir einen Plan und die Bereitschaft, aktiv in Netzwerken Unterstützung zu organisieren. Manchmal kürzen wir die Wege, indem wir Modelle nutzen. Manchmal hilft auch das **Tun in kleinen Schritten**, in Bewegung bleiben, auch kleine Aktionen führen zum Glück.

Wie steht es nun mit deinen Proglück- und Antiglückhaltungen?

Hier hast du die Möglichkeit, deine grundsätzlichen Einstellungen mit Blick auf Glück zu orten.

Proglückhaltungen	Skalierung 0 = gar nicht, 10 = total
Ich stehe zu meinen Emotionen und Gefühlen.	0 ←——————→ 10
Ich fühle mich gut in meiner Haut.	0 ←——————→ 10
Ich bin bereit für neue Erfahrungen.	0 ←——————→ 10
Ich kann Misserfolge verkraften, ohne mich selbst zu verurteilen.	0 ←——————→ 10
Ich fürchte mich nicht davor, unkonventionell zu sein.	0 ←——————→ 10
Ich kann aufgrund meiner Gefühle und Überzeugungen frei handeln.	0 ←——————→ 10
Ich bin emotional offen und nahe bei einem Menschen.	0 ←——————→ 10
Ich freue mich über die Gegenwart.	0 ←——————→ 10

Antiglückhaltungen	Skalierung 0 = gar nicht, 10 = total
Ich lasse es zu, meine Gefühle durch die Zustimmung oder Ablehnung anderer kontrollieren zu lassen.	0 ←――――――→ 10
Ich halte meine Persönlichkeit für unveränderlich.	0 ←――――――→ 10
Ich fühle mich schuldig für Dinge, die ich gesagt, getan oder unterlassen habe.	0 ←――――――→ 10
Ich habe Sorgen über die Ereignisse in der Zukunft.	0 ←――――――→ 10
Ich werde ärgerlich über Leute oder Dinge.	0 ←――――――→ 10
Ich nörgele an anderen Menschen herum.	0 ←――――――→ 10
Ich verlange Gerechtigkeit und Fairness.	0 ←――――――→ 10

Reflektion: Proglückhaltungen versus Antiglückhaltungen

Transaktion beinhaltet Reiz und Reaktion

Eine **Transaktion** ist die kleinste Einheit zwischenmenschlicher Beziehungen. Sie findet zwischen den Ich-Zuständen zweier oder mehrerer Menschen statt, wobei der eine zum anderen spricht und/oder nonverbale (nicht in Worten ausgedrückte) Reize aussendet, worauf eine Reaktion erfolgt. Aus jedem der **drei Ich-Zustände** kann jeder der drei Ich-Zustände des Partners angesprochen werden. Hieraus ergeben sich neun Möglichkeiten. Allerdings sind gewisse Kommunikationsarten viel häufiger als andere. Ein Beispiel für jede Ebene:

- (El): Ich glaube, der Atomausstieg war längst überfällig, dazu gibt es keine Alternative.
- (Er): Ich weiß, dass der Preis pro Kilowatt-Stunde alleine für Versicherung um das Fünfhundert-fache steigen würde
- (K) : Ich fühle, die Risiken sind nicht mehr steuerbar.

Gesprächsreaktionen im interpersonalen Dialog und deren Wirkung

Wie schon beschrieben, besteht ein Gespräch aus einer Reihe aufeinanderfolgender Gesprächsschritte. Jeder dieser Gesprächsschritte ist aus zwei Teilen zusammengesetzt, der Ansprache und der Antwort. In der TA werden diese beiden Teile eines Gesprächsschrittes „Reiz" und „Reaktion" genannt.

Der Reiz geht von einem bestimmten Ich-Zustand der Person A aus und richtet sich an einen bestimmten Ich-Zustand der Person B.

Der Personalleiter (A) schimpft:
„Wie oft soll ich Ihnen als Geschäftsbereichsleiter denn noch erklären, dass ich über derartige Personalratsaktivitäten vorher informiert sein möchte?"

Entscheidend dafür, dass das Gespräch konfliktfrei fortgesetzt werden kann, ist, dass die
sprachliche und/oder nicht-sprachliche Reaktion des Herrn B aus dem bei ihm angesprochenen Ich-Zustand kommt und sich an den Ich-Zustand bei Herrn A wendet, aus dem
der Reiz ausgegangen war, z. B. so:

B: „Bitte entschuldigen Sie, ich habe das übersehen."

In diesem Fall „ergänzt" die Reaktion den Reiz zu einem inhaltlich zusammenhängenden
Gesprächsschritt. Herrn B hat so reagiert, wie es Herr A erwartet hat. Es handelt sich um
eine „ergänzende Reaktion".

Es muss aber keineswegs so sein, dass der Angesprochene aus dem Ich-Zustand reagiert,
an den der Reiz gerichtet war. Herr B hätte auch so antworten können:

B. „Warum müssen Sie sich immer gleich so aufregen – es ist ja nichts kaputt gegangen!"

Die Reaktion ist anders ausgefallen als erwartet. Würde das Gespräch jetzt fortgesetzt,
würde höchstwahrscheinlich zunächst einmal nicht mehr über die vergessene Information, sondern über ein ganz anderes Thema gesprochen – kontrovers und so lange, bis
einer als Sieger und der andere als Unterlegener der Konfliktaustragung feststeht.

Eine ebenfalls von Herrn A nicht erwartete Reaktion des Herrn B wäre:

B. „Wie ausführlich möchten Sie informiert werden, Herr A?"

Herr B. unterbricht das in der Sache unproduktive Thema „nicht vorgenommene Information" durch eine sachliche Frage, die sich an das Erwachsenen-Ich des Herrn A richtet.
Geht Herr A. jetzt auf das neue und im Hinblick auf die weitere Zusammenarbeit weit
nützlichere Thema sachbezogen ein, hätte Herr B durch seine Reaktion den drohenden
Gesprächskonflikt abgewendet.

In beiden Fällen kamen die Reaktionen nicht aus dem angesprochenen Ich-Zustand der
Person B. oder richteten sich nicht an den Ich-Zustand der Person A. zurück, von dem
der Reiz ausging. Durch solche Reaktionen wird in den meisten Fällen die bisherige Gesprächsthematik und Rollenverteilung der Gesprächspartner abgebrochen oder unterbrochen. Deshalb werden solche Reaktionen **unterbrechende Reaktionen** genannt.

In den bisherigen Beispielen handelte es sich um Reaktionen, aus denen Herr A klar erkennen konnte, was Herr B mit seiner Reaktion ausdrücken wollte. Es handelte sich um **offene Botschaften.** Nun gibt es aber Reaktionen, bei denen zusätzlich zur offenen Botschaft noch eine zweite, **verdeckte Botschaft** mitläuft. In unserem Fall könnte das der Fall sein, wenn Herr B sagen würde:

B: „Tut mir leid, dass ich das übersehen habe und dass Sie sich deswegen so ärgern."

Deutlich ist in dieser Reaktion eine aus dem **angepassten Kind-Ich** des Herrn B. kommende Entschuldigung ausgedrückt. Sinngemäß könnte zusätzlich folgende Kritik, die Herr B nicht offen aussprechen konnte oder wollte, als **verdeckte Botschaft** mitschwingen:

„Unverständlich, dass Sie sich wegen einer solchen Lappalie jetzt so aufregen!"

Solche verdeckten Botschaften sind für ein sachliches Gespräch immer ungünstig. Denn nimmt Herr A in unserem Beispiel die verdeckte Botschaft gar nicht wahr, hat Herr B nichts erreicht. Erkennt Herr A aber die kritisierende verdeckte Botschaft, wird er die in der **offenen Botschaft** liegende Entschuldigung sicher überhören und nur auf die verdeckte Botschaft eingehen – wegen deren Hinterhältigkeit vermutlich noch mehr verärgert!

Aus den Beispielen lassen sich drei Grundregeln zur Kommunikation ableiten:

1. Gespräche und Gesprächspassagen mit **ergänzenden Reaktionen** verlaufen – wenigstens zunächst - konfliktfrei, weil die Reaktionen den gegenseitigen positiven oder negativen Erwartungen der Gesprächspartner entsprechen.
2. Gesprächsschritte mit **unterbrechenden Reaktionen** können die bisherige Gesprächsthematik und Rollenverteilung der Gesprächspartner konfliktfördernd oder konfliktlösend verändern.
3. Enthält eine Reaktion eine **offene** und eine **verdeckte** Botschaft, wird es meistens die verdeckte Botschaft sein, die das Thema und die weitere Rollenverteilung im Gespräch bestimmt.

Entscheidend ist hierbei nicht, was du sagst, tust oder unterlässt. Es zählt ausschließlich, wie der Empfänger deiner Information dich empfindet. Sollte beispielsweise der Empfänger meinen, dass deine Aussagen nicht echt sind, wird er in Widerstand gehen. Wäre beispielsweise ein „nein" ehrlicher als dein „ja" in dieser Situation, wird es dem anderen auffallen. Achte auch auf die Übereinstimmung deiner sprachlichen als auch nichtsprachlichen Botschaften. Natürlich gilt das auch in deiner bewussten Wahrnehmung des Gegenübers.

Beispiele für häufig vorkommende Gesprächsreaktionen

Grundsätzlich kann ein Gesprächspartner aus jedem seiner Ich-Zustände heraus jeden Ich-Zustand des anderen ansprechen. Aus der Vielzahl der sich daraus ergebenden Kombinationsmöglichkeiten sind nachfolgend solche Gesprächsschritte ausgewählt, die in Gesprächen häufiger vorkommen.

Bei der Analyse der Beispiele ist es gut möglich, dass du zu einem von der beigefügten Musterlösung abweichenden Ergebnis kommst. Das kann darin begründet sein, dass die einzelnen Gesprächsschritte aus ihrem Gesprächszusammenhang herausgerissen sind und die Sprechweise sowie das nicht-sprachliche Verhalten nicht beschrieben sind.

Gesprächsschritte mit ergänzenden Reaktionen zwischen gleichen Ich-Zuständen (Beispiele 1–6) bleiben konfliktfrei und könnten unbegrenzt fortgesetzt werden. Produktiv im Sinne von sachlichem Informationsaustausch, lösungsorientierter Themenbearbeitung und Problemlösung sind solche Gesprächsschritte aber nur, wenn sie auf der Ebene des Erwachsenen-Ichs stattfinden (Beispiel 1).

Beispiel 1

A. „Von den 36 Mitarbeitern auf der Beatmungs-Station sind aktuell 11 arbeitsunfähig."

B. „Was wollen Sie unternehmen?"

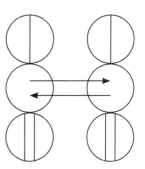

Mit Geprächsschritten, in denen beide Gesprächspartner sich nur auf der Ebene des Eltern-Ichs bewegen, verständigen sie sich über ihre übereinstimmenden, vorgefassten Meinungen und Werturteile. Beim strengen Eltern-Ich handelt es sich um Kritik (Beispiel 2) und beim unterstützenden Eltern-Ich z.B. um den Ausdruck von Besorgnis, Bedauern (Beispiel 3) an nichtanwesende oder nichtbeteiligte Dritte. Das bringt zwar Sicherheit durch gegenseitige Verständigung – leider aber keinen Fortschritt in der Sache.

Mancher Manager macht sich erst nach dem Meeting Luft, meistens mit: „Was der oder die sich wohl dabei denken." Anstelle von klarer Positionierung während des Meetings erfolgt nachträglich gemächliches Kuscheln in dieser destruktiven Kommunikationsform.

Beispiel 2

A. „Immer diese Kostenträger! Einmal im Interesse des Patienten denken und uns damit die Arbeit etwas leichter machen – auf so etwas kommen die nie!"

B. „Stimmt! Heute definieren Sozialökonomen den Leistungskatalog."

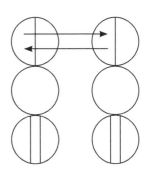

Beispiel 3

A. „Der Karpt, der hat aber auch ein Pech. Tut mir schon richtig leid, der arme Kerl."

B. „Mir auch, das Unglück scheint ihm an den Stiefeln zu kleben. Ist wirklich zu bedauern."

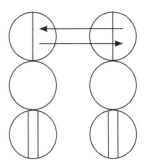

Unterhalten sich die Gesprächspartner auf der Ebene des Kind-Ichs, tauschen sie ihre gemeinsamen positiven oder negativen Gefühle aus. Konstruktiv wirken sich solche Gesprächsziele auf die zwischenmenschlichen Beziehungen dann aus, wenn beide Gesprächspartner aus dem freien Teil ihres Kind-Ichs sprechen (Beispiel 4). Sprechen beide aus ihrem angepassten Kind-Ich miteinander (Beispiel 5), klagen sie sich gegenseitig ihr Leid, beweinen oder bedauern sich gegenseitig. Ermutigend und aufbauend ist das sicher für beide nicht. Mit gleichbleibenden Reaktionen aus dem rebellischen Kind-Ich (Beispiel 6) können sich die beiden gegenseitig in Rage reden oder zur gemeinsamen Verteidigung oder Abwehr aufheizen. Auch das mag ja im Augenblick ganz gut tun – die miesen Gefühle werden dadurch aber nur verstärkt und in der Sache kann das auch nicht weiterführen.

Gerade bei Unternehmen mit ausgeprägtem Gefühsstau ist diese Kommunikationsform häufig anzutreffen. „Ich verstehe einfach nicht, warum die Filialen da nicht mitziehen..." Eine angepasste Zustimmung ist häufig garantiert.

Beispiel 4

A. „Mensch, Sie sind mitreißend, mit Ihnen hat man nur Spaß!"

B. „Mir macht's auch Spaß, mit Ihnen zusammenzuarbeiten."

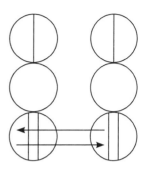

Beispiel 5

A. „Ich hab' jetzt schon so oft versucht, mir das Rauchen ab-zugewöhnen – ich schaff's leider nicht."

B. „Hab' auch schon vieles ausprobiert. War leider auch alles umsonst."

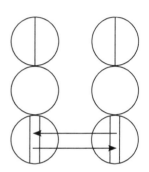

Beispiel 6

A. „Ein Seminar über Burnout, ich geh' da nicht hin!"

B. „Ich auch nicht, bin doch nicht bekloppt."

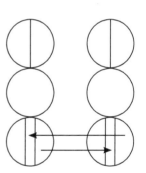

Gesprächsschritte mit ergänzenden Reaktionen zwischen verschiedenen Ich-Zuständen (Beispiele 7 – 9) sind - wenigstens vorerst noch – konfliktfrei.

Kritisiert, tadelt, belehrt aber einer der beiden aus seinem strengen Eltern-Ich heraus den anderen (Beispiel 7), ist es oft nur eine Frage der Zeit, wie lange der andere sich noch angepasst verhalten kann oder will.

Beispiel 7

A. „Wann sind Sie denn endlich mit Ihrem Bericht über die diesjährige operative Planung fertig?!"

B. „Tut mir leid, dass ich damit noch nicht fertig bin; ich ziehe den aber jetzt vor."

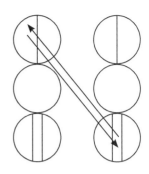

Anerkennung für eine erbrachte Leistung ist ein typisches Beispiel für Verhalten aus dem unterstützenden Eltern-Ich, das sich an das angepasste Kind-Ich des anderen richtet (Beispiel 8). Denn von diesem wird erwartet, dass er sich – bestätigt und gestärkt durch die Anerkennung – weiterhin um gute Leistungen bemüht. Wird die Anerkennung als unangemessen oder zu oft ausgedrückt empfunden, kann es auch daraus zu Kommunikationskonflikten kommen. Als normal ist auch die bestätigende oder verstärkende Reaktion aus dem unterstützenden Eltern-Ich auf eine vom freien Kind-Ich des anderen ausgehende stark gefühlsbetonte Äußerung anzusehen (Beispiel 9). Konfliktgefahr ist dann gegeben, wenn der so Angesprochene Ausdrucksweise und Inhalt der Äußerung als unangemessen oder aufdringlich empfindet.

Beispiel 8

A. „Dass Sie gegenüber dem Personalleiter, der ja gar nicht gut auf uns zu sprechen war, die Höhengruppierungen durchbekommen haben, ist ein toller Erfolg, gratuliere!"

B. „Danke, Herr Leitner, freut mich, dass Sie mit meiner Arbeit zufrieden sind."

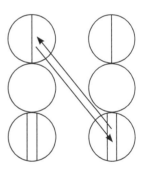

Beispiel 9

A. „Was sagen Sie jetzt, Herr Leitner, ich hab' die Dienstvereinbarung bekommen!"

B. „Das ist ein Erfolg, auf den Sie stolz sein können."

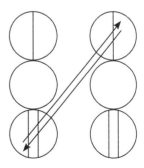

Gesprächsschritte mit unterbrechenden Reaktionen, die nicht aus dem Erwachsenen-Ich kommen, führen meist sofort zu mehr oder weniger heftigen Gesprächskonflikten (Beispiele 10–13).

Beispiel 10

A. „Wann sind Sie denn endlich mit Ihrem Bericht über die diesjährige operative Planung fertig?"

B. „Ich denke, Sie kommen ohnehin nicht mit dem Lesen der Berichte durch; da werden Sie ja wohl noch etwas Geduld aufbringen können!"

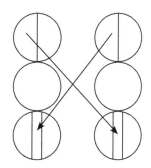

Beispiel 11

A. „Wann sind Sie denn endlich mit Ihrem Bericht über die diesjährige operative Planung fertig?"

B. „Ich kann doch nichts dafür, dass ich dauernd unterbrochen werde!"

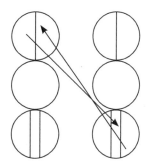

Beispiel 12

A. „Wann kann ich mit Ihrem Bericht rechnen?"

B. „Da müssen Sie sich schon noch etwas gedulden!"

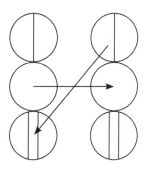

Beispiel 13

A. „Wann kann ich mit Ihrem Bericht rechnen?"

B. „Ich kann das doch jetzt noch nicht wissen!"

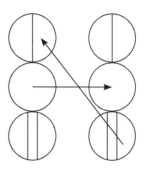

Extreme Formen der Distanz ergeben sich aus dem Beispiel 14.
B enttäuscht offensichtlich den A, indem er nicht negativ bewertend in dem Gespräch mitgeht, sondern auf der Erwachsenenebene Lösungen sucht.

Beispiel 14

A. „Immer diese Controller! Einmal im Interesse des Patienten denken und uns damit die Arbeit leichter machen – auf so etwas kommen die nie!"

B. „Um was geht es?"

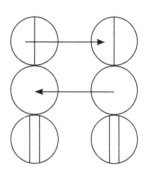

Hier ist ein Beispiel, wie ein Angriff über eine bewusst herbeigeführte Überkreuz-Transaktion unterbrochen werden kann.

Beispiel 15

A. „Wann sind Sie denn endlich mit Ihrem Bericht fertig!?"

B. „Bis wann brauchen Sie ihn spätestens?"

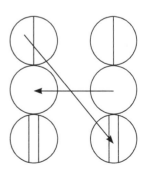

Nachstehende Reflektion dient der Überprüfung deines Verständnisses.

Welcher Reiz erfolgt aus welchem Ich-Zustand und wohin wendet sich dieser? Zeichne dies im Analyse-Feld ein. Auch hier gilt, dass es nicht entscheidend ist, was ich inhaltlich sage und/ oder tue, entscheidend ist vielmehr, wie der andere mich empfindet.

Check	Reiz und Reaktion	Analyse
1.	„Die können aber auch wirklich nie pünktlich sein!" „Die wollen doch nur ihre Wichtigkeit und Arbeitsbelastung herausstellen!"	
2.	„Sie sind ja nicht mal dazu gekommen, richtig Pause zu machen – kann ich Ihnen etwas helfen?" „Ja, zurzeit hänge ich wirklich dick drin. Würden Sie vielleicht diesen Bericht zur Korrektur durchlesen?"	
3.	„Wie können Sie mir nur so einen Mist vorlegen?!" „Mit dem Wort Mist würde ich an Ihrer Stelle etwas vorsichtiger umgehen – wenn ich da zum Beispiel an einige Ihrer letzten Entscheidungen denke…!"	
4.	„Wieso haben Sie denn die Zusammenstellung immer noch nicht fertig?" „Ich kann doch nicht hexen!"	
5.	„Morgen muss ich zu Herrn Peter und ihm unsere Panne beichten. Ob er mir dieses Entschuldigungsschreiben wohl abnimmt?" „Was glauben Sie könnte Herrn Peter daran stutzig machen?"	
6.	„Wann meinen Sie, können wir uns über die Bewerber für die ausgeschriebene Stelle noch mal unterhalten, Herr Buch?" „Anfang nächster Woche. Es läuft derzeit die Vorauswahl, wie jedes Mal."	

Reflektion: Diagnostik sichern

Vielleicht hast du jemanden in deinem beruflichen oder privaten Netzwerk, mit dem du deine Ergebnisse diskutieren kannst. Verstehe es mehr als ein Training, für Diagnostik von Reiz und Reaktion zu sensibilisieren.

Lebenspositionen und der Misserfolgskreislauf

Die TA basiert auf einem positiv geprägten Menschenbild, welches sich in einer Grundhaltung des **ich bin o.k. und du bist o.k.** ausdrückt. Damit entwickeln Kinder eine Grundwertvorstellung von sich und von anderen. Sie glauben entweder, dass sie selbst und andere Menschen in Ordnung sind, also o.k., und das heißt liebenswert und wertvoll. Oder aber sie entscheiden sich für eine Grundhaltung, dass sie selbst oder andere nicht in Ordnung sind, also **nicht o.k.**

Ich halte es mit einer Grundannahme von Fanita English, dass dieses positive plus/plus-Erleben und Fühlen in den ersten zwei Lebensjahren in einer sehr euphorischen Form vorhanden ist. Ab dann startet der Lernprozess von verschiedenen Rollen. So ist zum Beispiel irgendwann der Einsatz von Windeln nicht mehr in, das Kind hat beim Pinkeln vom Impuls bis hin zum Tun ein Verhalten zu lernen, nämlich den Gang zur Toilette. Die Rolle des „sauberen Kindes" ist gefordert und muss erlernt werden, so wie hunderte andere Rollen auch. In dieser Zeit kann es dazu kommen, dass das Kind empfindet: Was soll das alles,

1. **Ich bin o.k.** und **die anderen sind nicht o.k.** oder
2. **Ich bin nicht o.k.**, aber **die anderen sind o.k.** oder
3. **Ich bin nicht o.k.** und die anderen sind es auch nicht.

Diese Empfindungen können zu recht frühen Überlebensschlussfolgerungen führen. English trennt hier in den **untersicheren Typ** (Typ 1) und den **übersicheren Typ** (Typ 2). Untersicher sind Menschen, die lieber Fragen stellen, die zweifeln, abwarten. Übersicher sind die Leute, die grundsätzlich lieber Antworten geben, Anweisungen erteilen und für andere entscheiden. Sie sind die wahren Erfinder, suchen ständig nach neuen Lösungen. **Typ 1** passt sich eher an oder rebelliert. **Typ 2** ist eher fürsorglich oder kritisch bewertend. Sie haben meistens geniale Fähigkeiten für Führung, wenden sich auf empathischer Ebene den anderen zu und vermitteln Ruhe und Sicherheit, gerade auch in schwierigen Situationen. Zu einem der beiden Typen zu gehören, ist weder gut noch schlecht. Beide haben ihre Vor- und Nachteile. So wäre ohne den Typ 1 Fortschritt kaum denkbar. Er sucht, forscht, sucht nach ständiger Verbesserung. Typ 2 ist meistens der berühmte „Fels in der Brandung". Die Typen beschreiben eher die grundsätzliche Lebenseinstellung eines Menschen.

Schwierig wird es dann, wenn beispielsweise Typ 1 über eine Führungsrolle versucht, einen Typ 2 abzugeben. In seinem Umfeld wird schnell erkannt, dass er diese Rolle eher zwanghaft spielt, Wirkung wird er kaum erzielen. Eine Chance hat er dann, wenn er sein unterstützendes Eltern-Ich um Erlauber für seine aktuelle Rolle ergänzt. Vielfach reicht ein klares Bekenntnis für Durchsetzung und Engagement.

Soweit er in seiner negativen Grundierung über einen **2-Sekunden-Kleber** haften bleibt, hat er keine Chance, auch authentisch in einer Führungsrolle zu wirken. Die angesprochenen Erlauber wirken wie **Lösungsmittel** gegen diese Kleber:

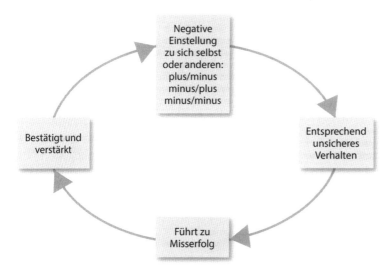

Abbildung: Zwei-Sekunden-Kleber

Wenn nun in Grenzbereichen der Kommunikation weiche oder harte Interventionen erforderlich sind, gilt es grundsätzlich, eine Gewinner-Situation aufrecht zu erhalten und o.k.-Positionen zu gestalten.

Positionsdiagnose, das o.k.-Gitter
Ein Feststecken in einer der beschriebenen negativen Grundpositionen ist bei der jeweiligen Betrachtung der einzelnen Situation auflösbar. Es gilt, Möglichkeiten zu erkennen, auf dem **Erwachsenen-Ich** eine konstruktive **plus/plus-Einstellung** zu entdecken und zu praktizieren.

Ich bin nicht o.k., du bist o.k. (-/+) Wovon ziehe ich mich zurück? Was lasse ich nicht los?	**Ich bin o.k., du bist o.k. (+/+)** Welche Ressourcen eines konstruktiven Umgangs miteinander haben wir?
Ich bin nicht o.k., du bist nicht o.k. (-/-) Was kann ich tun, um die Zwecklosigkeitsposition aufzugeben?	**Ich bin o.k., du bist nicht o.k. (+/-)** Wie kann ich verhindern, den anderen los zu werden? Wie kann ich positiv loslassen?

Abbildung: Ok.-Positionen-Mix

Aus dieser Positionsdiagnose heraus sind weitere Instrumente hilfreich, die Konzepte:
- der Passivität/Aktivität,
- der Antreiber sowie
- des Drama-Dreiecks.

Passivität

Dieses Konzept gliedert sich in vier Stufen der Passivität und zeigt Analyseinstrumente für einen Prozessverlauf auf. Die Stufen sind im Einzelnen:
1. **Nichts tun, um das Problem zu lösen.** Hier wird auf einer sehr bewussten Ebene ein Problem oder auch ein Unzufriedenmacher erkannt, gleichzeitig vermeiden die Beteiligten eine Entscheidung oder ein angemessenes Reagieren. Vom Zentrum des Problems wird weggegangen, oft mit der getrübten Idee, irgendwie muss es ausgehalten werden.
2. **Überanpassung an die echten oder vermuteten Erwartungen anderer.** In dieser Stufe treffen wir auf „Dienst nach Vorschrift", auf Aussagen wie: „Ich bin völlig Ihrer Meinung!" und auf zustimmendes Nicken.
3. **Agitieren, etwas anderes als notwendig tun.** Hier wird am zentralen Konfliktpunkt vorbeigeredet. Wesentliche Blockaden sind hier das Redefinieren und das Überemotionalisieren. Meistens sind heftige Grundsatzdiskussionen erkennbar.
4. **Verantwortungsloses Handeln, sich selbst und andere unfähig machen.** Hier gehen die Beteiligten häufig in Krankheit, klagen über Migräne, missbrauchen Alkohol und sonstige Drogen. Magen- und Darmleiden sind häufig beobachtbar. Es kommt zu Angriffen und Wutanfällen.

Für Konfliktgespräche und das damit verbundene Konfliktmanagement ist dieses Konzept sehr gut geeignet, klassische Einwandbehandlungs-Methoden um eine entscheidende Dimension anzureichern. So betrachtet ist ein Überzeugungsgespräch nichts anderes als den Partner zu eigenständigen Lösungen anzuregen, Aktivität contra Passivität zu setzen. Beim Betrachten von beobachtbarem Vermeidungsverhalten in Konfliktgesprächen ergeben sich folgende Fragen:

- Wann zeigen die Beteiligten Vermeidungsverhalten und welche Auswirkungen hat dies auf den Überzeugungsprozess?
- Wie erkenne ich die Art des Vermeidungsverhaltens?
- Welche Interventionen sind sinnvoll, um zu einer autonomen Entscheidung zu kommen?

Zur weiteren Erläuterung nutzen wir auch hier ein praktisches Beispiel. In einer Trainingssituation berichtete ein Großkundenbetreuer eines angesehenen IT-Herstellers von heftigen Vorwürfen, die ihm seitens des Kunden und dessen Betriebsrat gemacht wurden: Er hätte, obwohl das so nicht stimmen würde, in einer Umorganisierungsfrage nicht rechtzeitig reagiert und sinnvoll gehandelt. Seine weiteren Ausführungen münden in die vier klassischen Formen der Passivität:

1. Nichts tun, um das Problem zu lösen
In unserem Beispiel sah der Betreuer kein Problem darin, dass die Geschäftsleitung sich ihm gegenüber eindeutig dazu äußerte, nicht rechtzeitig über Änderungen in der Aufbau- und Ablauforganisation den Betriebsrat informieren zu müssen. Er hatte damit, ohne sich dazu bewusst entschieden zu haben, die Behandlung des Problems auf später verschoben.

2. Überanpassung
Er machte, ohne von der Geschäftsleitung oder dem Betriebsrat darauf angesprochen worden zu sein, unverhältnismäßig große Zugeständnisse. Dies geschah aufgrund der Vermutung, dass er dadurch Vorteile beim Verhandlungsabschluss erzielen könnte.

3. Agitieren
Im weiteren Verlauf sammelte der Großkundenbetreuer ohne Systematik Informationen über Veränderungsprozesse in der Aufbau- und Ablauforganisation und machte sich damit immer größeren Dystress. Ohne sichtbare Erfolge wirkte er sehr beschäftigt.

4. Verantwortungsloses Handeln
Der Großkundenbetreuer arbeitete bis an die Grenzen seiner körperlichen Leistungsfähigkeit, der Kunde ging verloren.

Damit wird deutlich, dass das Kaltlassen möglicher – häufig nur vermuteter Konflikte - die Gefahr des Misserfolgs in sich birgt. Günstiger ist, sich von vornherein auf die Chancen möglicher Konfliktaustragung zu konzentrieren. Als erfahrener Berater in Fragen der Umstrukturierung hätte er genügend Alternativen schon bei Bekanntwerden der Haltung der Geschäftsleitung gegenüber dem Betriebsrat auf den Tisch legen können, eben etwas tun können. Passivität wirkt wie ein **Brandverstärker**, Selbstwert und Selbstachtung rutschen in den Keller früher archaischer Ängste.

Was wäre in diesem Beispiel gewesen, wenn er in seinen Netzwerken sich besser abgesichert hätte? Wie hälst du es mit dem Auf- und Ausbau deiner Netzwerke?

Wer sind für dich die **Tankstellen** deiner Reflektion, deines Selbstwertes und deiner Selbstachtung? Bei welchen Personen in deinem Umfeld fühlst du dich ohne wenn und aber am sichersten? Investierst du genügend in die Pflege dieser positiven Beziehungen?

Aktivität

Sobald ein Bewusstsein darüber entwickelt ist, dass das seitherige passive Verhalten schädlich ist und auf Dauer nicht problemlösend wirkt, obwohl die Beteiligten über die Macht für problemlösende Ansätze verfügen, können steuerbare Aktivitätsstufen bearbeitet werden.

1. **Interessieren, neugierig auf Erfolg sein.** Hier wird neugierig nachgefragt.
2. **Vorausdenkend adaptieren.** Die Beteiligten stellen sich auf kommende Fragen und Themen ein. Es wird stark visioniert, das freie Kind der Beteiligten nimmt sich großen Raum. Die Überlegung, „Was wird morgen sein", steht im Vordergrund.
3. **Engagieren.** Die Beteiligten setzen sich empathisch für Lösungen ein. Sie lassen nicht locker, entwickeln sich zu den „charmanten Wadenbeißern". Auf der Grundlage von emotionaler Beharrlichkeit lassen sie nicht locker.
4. **Zivilcourage, Gestaltungskraft zeigen.** Akteure lassen sich kein x für ein u vormachen. Sie setzen sich ein für Kreatives, Neues und Ungewöhnliches. Auch bei Widerstand bleiben sie beharrlich auf der Lösungsebene.

Aktivität ist die Notausstiegsleiter und führt aus dem Keller nach oben.

Antreiber, die garantierte Geiselhaft

Bei diesem Thema bleibt mir eine Geschichte unvergesslich. Stelle dir einen Langstreckenflug nach irgendwohin vor, die sich relaxt gebenden Passagiere in einer Business-Class, allesamt cool dreinblickend. Und dann, kurz vor der Landung ein Rumpeln und Geratter, Luftsprünge wie in der Achterbahn, nur eben härter… Und dann die Durchsage des Kapitäns, sonore Stimme, ruhig daherredend: „Meine sehr geehrten Damen und Herren, hier ist mal wieder Ihr Flugkapitän, in wenigen Minuten werden wir bei extremen Bedingungen am Zielflughafen die Landung versuchen, seien Sie bitte nicht überrascht, wenn wir in leichter Schräglage aufsetzen. Gehen wir es an…"

Die Landung versuchen? Gleichwohl war bei vielen der Passagiere eine Entspannung spürbar, manche kicherten sogar vor sich hin. Um es vorwegzunehmen, bei enormen Windstärken haben die da vorne eine perfekte Landung hingelegt, trotz enormen Dystress sind sie offensichtlich nicht in die Antreiber gegangen.

Taibi Kahler, ebenfalls dem engeren Kreis um Eric Berne zuzurechnen, definierte Ende der 1960er die Ansätze der Antreiber. Als **Antreiber** beschreibt er neben Caspers (1974) **Eltern-Ich** orientierte Forderungen, die es dem Kind ermöglichen sollen, das Leben zu bewältigen, z. B.: „Mache nie nur halbe Sachen, achte darauf, dass deine Ergebnisse immer perfekt sind". Das Kind nimmt hier einen einengenden Wegweiser an, der seine Entscheidungsfähigkeit, insbesondere für den Abschluss von Themen, Dingen etc. in extremer Weise behindert. Meistens geht hierbei eine klare Verfügbarkeit über die **Ich-Zustände** verloren und damit die Fähigkeit, klar zu handeln bzw. auch einmal intuitiv das Richtige zu tun.

Urs Meier, Fußballschiedsrichter mit internationaler Reputation, fragt hin und wieder Manager nach deren Entscheidungsfähigkeit: Während der 90 Minuten laufen wir schon mal locker um die 18 km und mehr und haben ständig und kontinuierlich Entscheidungen zu treffen…" Was für ein Fiasko wäre es, würde ein Schiedsrichter aus jeder Entscheidung eine Diplomarbeit machen. Er muss permanent entscheiden, sonst wäre er in seiner Rolle hoffnungslos verloren.

Kahler und Caspers (1974) weisen auf fünf grundlegende solcher elterlichen Forderungen hin:

Sei perfekt!
In Ergänzung zu den bereits gemachten Ausführungen sind wir im Kontakt mit diesem Antreiber extrem leistungsbetont, manchmal in das Zwanghafte gehend. Solltest du dich hin und wieder fragen, warum du in der einen oder anderen Situation nicht entscheidest oder von anderen keine Entscheidung bekommst, kannst du zumindest vermuten, dass dieser Antreiber mit im Spiel ist.

Abbildung: Sei perfekt

Sei perfekt! Anderes führt in den Untergang!
Die Grundidee ist: Ich bin nur dann ok und kann andere nur dann ok sein lassen, wenn ich:

• Vorbild bin,
• beste Ergebnisse produziere,
• etwas wirklich in der Tiefe begriffen habe,
• absolute Genauigkeit zeige,
• präzise arbeite,
• mit Gründlichkeit andere um Längen „schlage",
• Aufgaben außergewöhnlich erfülle.

Der **Kernsatz** ist:
Ich komme darauf zurück.

Formulierungen:
Kompliziert, ausufernd, das Einfache meidend.

64

Streng dich an!

Dieser Antreiber äußert sich im Verhalten, wenn die Person sich unsicher gibt, Fragen nicht spontan beantwortet, lange nachdenkt (auch nebensächliche Gedankengänge verfolgt), angespannt und oft ungeduldig wirkt. Dadurch wird die Spontaneität und die Denkfähigkeit gehemmt.

Abbildung: Streng dich an

Streng dich an! Von nichts kommt nichts!

Die Grundidee ist: Ich bin nur dann ok und kann andere nur dann ok sein lassen, wenn ich

- fleißig bin, ohne Fleiß sind Erfolge wertlos, nicht spürbar,
- immer extremen Einsatz zeige,
- pflichtbewusst auftrete,
- selbstlos bin,
- Aufopferung praktiziere.

Der **Kernsatz** ist: Da ist noch so vieles offen.
Formulierungen: mh, äh, konnte ich so noch nie.

Sei stark!

In diesem Antreiber verhaftet, haben wir keinen Kontakt zu unseren Gefühlen und Schwächen. Wir sind auf dieser Ebene gefühlstaub. Auf andere wirken wir eintönig, unpersönlich und reden selten von „ich" sondern eher von „man", „jemand" oder „alle". Wir werben hier um Heldentum, Draufgängertum und kämpfen um das Vorbildliche für andere.

Abbildung: Sei stark

Sei stark, Gefühle zeigen ist etwas für Memmen!

Die Grundidee ist: Ich bin nur dann ok und kann andere nur dann ok sein lassen, wenn ich:

- Durchhaltevermögen habe,
- Durchsetzungsvermögen zeige,
- aggressiv bin,
- Heroismus lebe,
- Härte für Gerechtigkeit zeige.

Der **Kernsatz** ist: Das werde ich schon aushalten.

Formulierungen: So und nicht anders, den Gedanken habe ich schon seit…

Beeil dich!

In diesem Abtreiber karikieren wir Schnelligkeit. Gehetzt sein, ungeduldige und nervöse Verhaltensmerkmale (Blick auf die Uhr, nervöses Fingertippen, hektische Bewegungen) haben unmittelbare Wirkung auf andere. Gleichzeitig mahnen wir andere für das gleiche Verhalten und werten massiv ab, wenn diese nicht „zügig" mitziehen.

Abbildung: Beeil dich

Beeil dich
Die Grundidee ist: Ich bin nur dann ok und kann andere nur dann ok sein lassen, wenn ich:
* Dynamik zeige,
* Tempo mache,
* unter Zeitdruck arbeite,
* stressresistent bin.

Der **Kernsatz** ist: Nur noch eine Minute.

Formulierungen: Den Rest machen wir nachher.

Sei gefällig!

In diesem Antreiber sind wir sehr kreativ, uns selbst zu verleugnen. Eigene Bedürfnisse dürfen keinen Raum einnehmen, schließlich sind wir dafür verantwortlich, anderen nicht ins Gehege zu kommen. Im Vordergrund steht die Frage: „Was muss ich tun, damit andere sich besser fühlen?" Das Einfordern von Gegenleistungen ist tabu.

Abbildung: Sei gefällig

Sei gefällig! Gib dich auch mit Geringerem zufrieden!
Die Grundidee ist: Ich bin nur dann ok und kann andere nur dann ok sein lassen, wenn ich:
* meine Bedürfnisse ignoriere,
* andere „besser fühlend" mache,
* Verständnis für andere vorweg anstelle,
* auf Gegenleistungen verzichte.

Der **Kernsatz** ist: Schön, dass Sie Rücksicht auf mich nehmen.
Formulierungen: Vielleicht, Sie wissen schon…

Antreiber, Stopper und Quittungen

Die Frage „Warum erleben sich Menschen im Dystress als nicht o.k.?" brachte Kahler 1974 auf die gut vermittelbare Darstellung des Mini-Skripts. Hier eine modifizierte Darstellung, die ich entgegen mancher Kritik noch heute favorisiere:

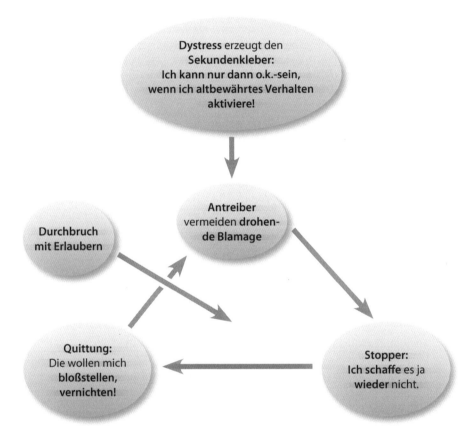

Abbildung: Mini-Skript

Die getrübte Wahrnehmung der Erfolgsmöglichkeit führt im Wechselspiel zwischen Antreibern und Stoppern zu den niederen Dramen des Alltags. Die Quittungen **„Ich bin nicht ok, die anderen sind ok"** oder auch: **„Ich bin nicht ok, die anderen und alles drumherum sind es auch nicht"**, sind Garanten für **destruktive Ergebnisse**.

Erlauber setzen, erst mal ein Risiko

Antreiber, Stopper und Quittung, der zeitliche Verlauf verläuft je nach Härtegrad von Sekunden bis hin zu mehreren Tagen. Und manche bringen es auf viele Jahre. Günstig ist das Einsetzen von Erlaubern zwischen den Stoppern und dem verstärkten Antreiber-Verhalten.

Erlauber definieren und im jeweiligen Grenzbereich einsetzen, kannst du beruhigt als Übungssache ansehen. Fröhlichkeit, Zuversicht, Spaß und Begeisterung in der jeweiligen Engpass-Situation herzustellen, gelingt über das Aufstöbern und Hereinnehmen der eigenen Erlauber. So betrachtet sind konfliktäre Situationen ein geniales Trainingsfeld für die eigene personelle Entwicklung.

Erlauber bewusst entwickeln und einsetzen wirkt wie ein wartungsfreier Dimmer. Du bist der Kommandeur in der jeweiligen Situation und kannst bestimmen, in welchem Grad du den Antreiber wirken lässt. Es ist eine Frage der Bewusstheit in der jeweiligen Situation. Eine polizeiliche Führungskraft zum Beispiel wird hin und wieder auch auf der Ebene des **Beeil-Dich** entscheiden müssen, die gemächliche Überlegung, „Huch, es brennt, lasse ich die Leute im Gefahrenbereich oder kümmere ich mich erst mal um die Feuerwehr?" wird sie sich so nicht erlauben können. Sie wird schnell entscheiden müssen.

Hier nun mögliche Beispiele. Deiner Kreativität für deine individuellen Erlauber sind natürlich keine Grenzen gesetzt.

Erlauber	Du darfst
Sei du selbst!	Offen sein, dich natürlich zeigen, spontan sein, humorvoll sein.
Lass` dir Zeit!	Ruhe zeigen, Besonnenheit ausstrahlen, souverän sein, ausgeglichen sein.
Mach etwas wirklich – anstatt es nur zu probieren!	Beharrlich sein, Geduld zeigen, optimistisch sein, positiv denken.
Kenne und respektiere dich!	Dich selbst erkennen, dich achten, in dir selbst ruhen.
Sei offen und kümmere dich um deine Bedürfnisse!	Auf dich Rücksicht nehmen, Selbstständigkeit zeigen, Klarheit über eigene Ziele haben, Bestimmtheit zeigen, Selbstverantwortung ausstrahlen.

Abbildung: Erlauber-Mix

Antreiber und deren konstruktive Kerne

Antreiber sind tauschbar gegen Erlaubnisse und Aktivitäten im Alltag. Einem Ober auf die Frage hin „Hat es Ihnen geschmeckt?" locker zu antworten: „Nein, das Schnitzel ist versalzen!" ist·in der destruktiven **Sei-gefällig**-Beherrschung unmöglich. Gleichzeitig wird ein Feuerwehrkommandant nicht losgelöst vom **Beeil-dich-Antreiber** leise und zart die Stimme erheben können und raunen: „Oh, meine Herren, es brennt, nehmen wir nun das A-, B- oder C-Rohr?" Er wird knappe Befehle geben, so betrachtet die konstruktiven Kerne seiner Antreiber nutzen. Nachstehende Abbildung ermöglicht dir, Alltagssituationen zu überprüfen und ggf. neu zu entscheiden.

Antreiber	Konstruktiver Kern	Erlaubnisse	Aktivitäten für den Alltag
Sei perfekt!	Zielgenau, exakt sein.	Abschließen, zum Ende kommen, einen Punkt machen.	Bestimmte Arbeiten und ihr Ende zeitlich festhalten, inhaltlich konkretisieren, konkrete Zielformulierung für Alltagsdinge vornehmen.
Streng dich an!	Aktiv sein, auch in Krisen aktiv bleiben.	Erreichtes genug sein lassen, Loslassen, Ruhe und Pause einkehren lassen.	Hobbies entwickeln und pflegen, zeitliche Puffer einbauen, Ruhetrieb zulassen.
Beeil dich!	Zeitbewusst und zielsensibel sein.	Sich Zeit nehmen.	Folgen des Tuns bedenken, Prioritäten setzen, Step by Step die Dinge angehen.
Sei gefällig!	Empathisch und beziehungsorientiert sein.	Auf eigene Bedürfnisse achten, angemessene Gegenleistungen beharrlich einfordern.	In sich hinein hören, was brauche und erwarte ich tatsächlich?
Sei stark!	Situationssensibel sein, sich situativ zurückhalten.	Gefühle wahrnehmen, Empfindungen ausdrücken.	Gefühle und Empfindungen wahrnehmen und ausdrücken.

Abbildung: Konstruktive Kerne

Rackets und Maschenverhalten

Woollams & Brown definieren diese Begriffe auf der Ebene der intra- und/oder extrapersonalen Dialoge. Hier neigen wir zur Interpretation irgendeines anderen Verhaltens und schlimmstenfalls zur Manipulation. Ziel hierbei ist, eine **nicht-o.k.-Position** oder eine verleugnete – zumeist ignorierte – Position zu rechtfertigen. Meistens sind es die Alltagssituationen, in denen zum richtigen Zeitpunkt nicht das Wesentliche besprochen wird, häufig infolge der Blockaden „Mangel an Direktheit" und „Mangel an Aufrichtigkeit". Kennst du dieses: „Eigentlich wollte ich noch sagen…?" In solchen Situationen kannst du sicher sein, dass du Unerledigtes mitschleppst und deiner eigenen Interpretation einen großen Raum gibst. Die Konsequenz ist ein Grübeln mit Blick auf: „Der andere will mich vernichten, bloßstellen, blamieren etc." Die Amerikaner haben für den Ausstieg aus **Rackets** einen schönen Sloagan: **Put the fish on the table**!

Fanita English sieht bei Rackets ein Ersatzgefühl, das ein ursprüngliches Gefühl oder eine ursprüngliche innere Haltung ersetzt. Dieses Ursprüngliche kann nicht ausgedrückt werden, weil der Betreffende während seiner Kindheit immer dann bestraft oder abgewertet wurde, wenn er es äußerte. Das Racket wurde entwickelt, um die Eltern zu manipulieren. In Engpass-Situationen wird im Erwachsenen-Leben auf dieses Racket zurückgegriffen in Form von sogenannten Ausbeutungs-Transaktionen. Der Akteur versucht, unbewusst mit dem, was er tut oder sagt, von seinem Partner Zuwendung und Bestätigung zu erhalten. Er macht es seinem Typ entsprechend, also klagend oder ärgerlich, und immer wieder, bis es dem Partner lästig wird und er die Transaktionen kreuzt, also anders antwortet als erwartet.

Auf der Grundlage dieser Ersatzgefühle ist den Spielen und damit dem **Drama-Dreieck** Tür und Raum geöffnet.

Trübungen

Trübungen sind die härtesten Klebstoffe für das Festmachen von Problemeigentum. Bis jetzt sind wir davon ausgegangen, dass jeder Ich-Zustand ein für sich geschlossenes System darstellt. Gleichzeitig kann jeder Mensch beliebig von einem Ich-Zustand in den anderen wechseln. Es kann passieren, dass jemand etwas für sein Erwachsenen-Ich hält, es aber in Wirklichkeit zum Inhalt seines Kind-Ichs oder seines Eltern-Ichs gehört. Wenn das auftritt, sprechen wir in der TA von einer Trübung. Was hier geschieht, ist die Sprengung einer Ich-Zustandsgrenze, so dass der eine in den anderen eindringt. Im Ich-Zustands-Diagramm stellen wir das so dar, dass die Kreise sich überschneiden und die dadurch entstehende Zone schraffiert wird. Die Schraffierung soll die Trübung anzeigen.

Trübung aus dem Eltern-Ich
Es handelt sich hierbei um Überzeugungen, die übernommen wurden und nun als Fakten erlebt werden. Gordon Allport, Verfasser einer klassischen Arbeit über Vorurteile, erzählt die Geschichte eines kleinen Jungen, für den Monopolisten die Einwohner von Minneapolis waren. Von seinem Vater hatte er gehört, dass Monopolisten ganz üble Burschen

seien. Erst viele Jahre später erkannte er, auf welchem Missverständnis seine Abneigung gegen Leute aus Minneapolis beruhte. Sein Vorurteil verschwand. Weitere Beispiele:

- „Nach etwas fragen heißt, wissen müssen, ob ich es kriege. Bekomme ich es nicht heißt dies, dass ich das Falsche gewollt habe. Also frage ich nicht, um nicht das Falsche gewollt zu haben."
- „Alle Schwaben sind geizig."
- „Schwarze sind faul."
- „Die Weißen beuten dich nur aus."
- „Das Leben ist mühsam."
- „Man darf niemandem trauen."
- „Der Chef hat immer das letzte Wort."
- „Wer aufmuckt, fliegt."

Wenn jemand überzeugt ist, dass derartige Äußerungen die Realität spiegeln, dann befindet er sich in der Trübung.

Abbildung: Trübung aus dem Eltern-Ich

Trübung aus dem Kind-Ich
Wenn sich jemand in der **Kind-Trübung** befindet, dann ist das klare Denkvermögen, das er als Erwachsener hat, durch Dinge getrübt, die er als Kind geglaubt hatte. Bei solchen Überzeugungen hat Berne manchmal den Ausdruck **Selbsttäuschung** angewendet. Beispiele:

„Fragen heißt, dass ich mich in Erscheinung bringe oder exponiere und dadurch jemanden verletze, weil ich ihn mit meinen Wünschen „in die Klemme bringe" und mit ihm konkurriere."

- „Kennzahlen konfrontieren kann ich nicht!"
- „Natürlich mach ich Fehler."
- „Ich kann eben nicht richtig schreiben."
- „Ich und eine Fremdsprache lernen? Das schaff ich nie."
- „Ich kann mich nicht durchsetzen."
- „Wer mag mich denn schon?"
- „Mit mir stimmt etwas nicht."
- „Ich bin schon so dick auf die Welt gekommen."
- „Ich kann das Rauchen einfach nicht aufgeben."

Stammt der Inhalt einer **Kind-Trübung** aus der ganz frühen Kindheit, dann mutet eine solche Selbsttäuschung sehr seltsam an. Das lässt sich besonders häufig beobachten, wenn das Kind schon sehr früh verletzt wurde und traumatische Erlebnisse gehabt hat.

„Ich kann andere Menschen umbringen, ich brauch nur zu ihnen hinzugehen."
„Ich finde und kann mich nur in solche Partner verlieben, die mich verletzen."
„Wenn ich plötzlich tot bin, dann wird Mutter mich lieben."
„Die wollen mich mit ihren unsichtbaren Strahlen fertig machen."

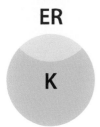

Abbildung: Trübung aus dem Kind-Ich

Doppelte Trübung

Es kommt zu einer doppelten Trübung, wenn jemand eine Überzeugung aus dem **El-tern-Ich (EI)** wieder auflegt und dieser mit der Vorstellung seines **Kind-Ichs (K)** zustimmt. Beispiel:

EI „Man muss stets auf der Hut sein.", zusammen mit
K „Ich darf niemals jemandem trauen." oder:
EI „Kinder hat man zu sehen, aber nicht zu hören.", zusammen mit
K „Wenn ich im Leben durchkommen will, muss ich schön still sein."

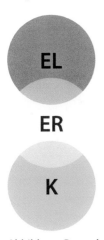

Abbildung: Doppelte Trübung

Trübungsfelder

Ich spreche bei diesem Thema von solchen Feldern, auf denen Trübungen verwurzelt sind und relativ einfach aufgelöst werden können. Es handelt sich Trübungen in Bezug auf:

- deinen Körper,
- deine Gedanken,
- deine Gefühle,
- deinen Zuwendungsbedarf sowie
- deinen Einfluss auf andere.

Folgen der Trübung, wenn Ohnmächtige Ohnmächtige führen

Stellen wir uns einmal einen Teamleiter vor, der sich regelmäßig über zu wenig Personal beim Bereichsleiter beschwert. Dieser wiederum bleibt passiv, schwingt vielleicht sogar mit und verzichtet auf lösungsorientierte Interventionen. Der Depressionsverstärkungsclub der Ohnmächtigen ist gegründet mit fatalen Auswirkungen auf die Motivationsskala der Mitarbeiter. Betrachten wir zunächst dieses Beispiel mit Hilfe der Abwertungstabelle von Mellor und Sigmund (1975):

Modus \ Typ	Reiz Wird etwas wahrgenommen?	Problem Denk- oder Handlungs-impuls ausgelöst?	Alternativen Ist ein Ziel angehbar?
Existenz Ist da etwas passiert?	Existenz des Reizes, z. B. welche Wirkung hat die Demotivation des Teamleiters auf die Mitarbeiter?	Existenz des Problems, z. B. na und? Ist dem nicht klar, dass selbst ich nicht die Kennzahlen in Frage stellen kann?	Existenz einer Alternative, z. B. über zu wenig Personal meckern doch alle!
Bedeutsamkeit Hat das Bedeutung?	Relevanz eines Stimulus, z. B. darüber sprechen wir das nächste Mal.	Relevanz eines Problems, z. B. das macht der immer.	Existenz einer Alternative, z. B. das bringt nichts.
Veränderbarkeit Lässt sich da etwas verändern?	Veränderbarkeit eines Stimulus, z. B. das mache ich immer.	Lösbarkeit eines Problems, z. B. da ist nichts zu machen.	Realisierbarkeit einer Alternative, z. B. was soll ich denn da schon…
Fähigkeit Kann der Klient etwas tun?	Fähigkeiten zur veränderbaren Aktion evaluieren.	Fähigkeiten zur Problemlösung spüren und reflektieren.	Tun, Alternativen umsetzen.

Abbildung: Abwertungstabelle

Wie könnte hier eine effektive Beratungsarbeit aussehen? Unabhängig von den weiter unten vertiefend im Abschnitt **Raus aus dem Drama** dargestellten Möglichkeiten gilt grundsätzlich, zunächst die Verleugnungsebene herauszuarbeiten. Verleugnet wird meistens:

· die Existenz des Problems,
· die Bedeutung des Problems,
· die Ressource des Veränderungspotenzials sowie
· die persönlichen Fähigkeiten für die Veränderung.

Trübungssätze und Verhalten können dann zu möglichen Interventionen führen. Hierbei ist ein Klassiker hilfreich, die auf die **Ich-Zustände** abgestimmte Dreierfolge:

· Was denkst du?
· Was fühlst du?
· Was unternimmst du?

Die Kombination der Verleugnungsfelder sowie Trübungssätze und Verhalten kann in etwa so dargestellt werden:

Folge	Verleugnung	Trübungssätze und Verhalten
1	der Existenz des Problems	„Ich habe damit kein Problem." oder auch „Ich weiß gar nicht, was du hast."
2	der Bedeutung des Problems	„Da muss er eben alleine durch!"
3	der prinzipiellen Veränderbarkeit des Problems	„Die augenblickliche Kennzahlensituation führt dazu, dass alle meckern."
4	der persönlichen Fähigkeit zur Lösung des Problems	„Hier kann ich doch nichts ändern."

Abbildung: Vereinfachte Darstellung möglicher interventionsfelder

Du wirst an dieser Stelle entscheiden können, welche Form der Enttrübungsarbeit du nun anbietest. Du kannst trennen in:

- kognitive und
- emotionale Enttrübung.

Kognitive Enttrübung

Der Klient hat hier die Möglichkeit, die Basisgefühle zu reflektieren und sich auf einer bewussten Ebene an mögliche Optionen heranzuarbeiten. Wir sprechen hier auch von einer Entscheidungsarbeit auf der Ebene des **Erwachsenen-Ichs**. Der Klient benötigt solche Interventionen, die ihm ein Bewußtmachen störender intrapersoneller Dialoge ermöglichen. Vereinfacht dargestellt könnte die Entrübungsarbeit mit dem Teamleiter folgendermaßen aussehen:

Trainer	Klient	Bemerkungen
„Mal ungeachtet des praktischen Tuns, was würdest du dem Bereichsleiter gerne sagen?"	„Warum setzen Sie das Thema nicht ständig auf die To-do-Liste für Ihre Gespräche mit der Geschäftsführung?"	Der Trainer reizt hier das freie Kind, gibt dem Klienten die Möglichkeit, mit seinem eigenen Wünschen und Wollen in Kontakt zu kommen.
„Welche Auswirkung hätte eine solche Intervention auf deine Mitarbeiter?"	„Hm, vielleicht würden diese sehen, dass ich mich radikal für sie einsetze?"	Der Trainer sichert hier den Kontakt zum freien Kind des Klienten, eröffnet eine andere Ebene.
„Das wäre doch zumindest auf dieser Ebene ein Gewinn. Was könnte dich dran hindern, so zu fragen?"	„Ohjeh, damit käme ich dem ganz ordentlich ins Gehege, vielleicht würde ihn das sogar verletzen? Solche Fragen kann ich ihm nicht stellen! Ist bei uns noch nicht üblich."	Hier formuliert der Klient seine Ängste aus dem freien Kind und zugleich seine angenommenen Werte aus dem strengen Eltern-Ich. Wir haben es hier mit einer doppelten Trübung zu tun.

Tabellenfortsetzung siehe nächste Seite

„Also, auf der einen Seite hast du Angst, ihn zu konfrontieren und meinst zugleich, dass dies einem Teamleiter nicht zusteht? Wer zahlt die Zeche, wenn es so bleibt wie es ist?"	„Na ganz klar ich und meine Mitarbeiter."	Der Trainer inventarisiert, fächert auf und stimuliert für Frustration.
„Was wäre denn eine gemilderte Form der Konfrontation?"	„Ich werde mal auf die Folgen für die Mitarbeiter und gerade auch für die Kunden hinweisen, ja, ich meine, das würde in der Sache weiterführen."	Der Klient trifft auf der Ebene des Erwachsenen-Ichs eine Entscheidung.

Abbildung: Beispiel für kognitive Enttrübung

Emotionale Enttrübung

Bei dieser Arbeitsform macht sich der Klient bewusst, dass er eventuell in frühen Grundentscheidungen für Konfliktverhalten **festklebt**. In der TA sprechen wir hier von frühen **Skriptentscheidungen**. Ich nutze hier auch sehr gerne den Begriff des „unfinished business", angelehnt an die russische Psychologin Bljuma Zeigarnik und dem ihr zugeschriebenen Zeigarnik-Effekt (1927). Dem Grunde nach geht es hier um unerledigte Geschäfte, die unbewusste **Regression (Rückwärtsgewandtsein)**. Freud, der sich zeitlebens der Sprache der Naturwissenschaften bediente, immerhin musste er im späten Zeitalter der Industrialisierung mit der damals anerkannten Sprache umgehen, sprach von Projektion oder auch Wiederholungszwang.

Diesen Annahmen ist gemeinsam, dass Unerledigtes aus der seitherigen Biographie, vorzugsweise die frühen Durchsetzungserfahrungen aus dem 2.–8. Lebensjahr, das heutige Tun beeinflusst. Hier betone ich sehr gerne für die ganz Eifrigen im Thema, dass die Angabe des Lebensalters nur ungefähre „Hausnummern" sind – wir sollten das nicht zu verkrampft betrachten.

Berne sprach sehr viel später von **lautem Lärm (noisy sounds)**, welcher immer wieder in das Hier und Jetzt einstrahlt.

Die Interventionen könnten auf der Grundlage des nachstehenden Schaubildes greifen. Lösungsmittel oder auch Klebstoffentferner für das Auflösen negativer Skripte bedingen häufig, in Bewusstheit und Bereitschaft zu investieren. Wer „a" sagt muss eben nicht immer „b" sagen können. Es zählt die Neugierde auf den Ausgang des angestoßenen Prozesses. Wer kennt die Aussage nicht, „Stell dich dem Problem!" Hier ist es besser zu sagen: „Stelle dich den Lösungen!" Lösungsdenken macht zumeist mehr Sinn, als in Problemdenken zu verharren.

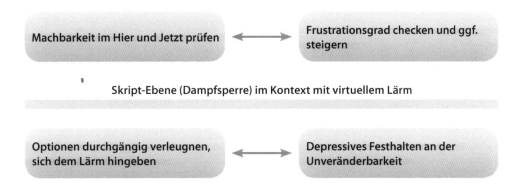

Abbildung: Skript-Ebene und Dampfsperre

Was entdeckst du unterhalb der Dampfsperre? Bei der nachstehenden Reflektion, angelehnt an Holloway (1974), kann die Hinzunahme alter Familienaufnahmen aus deiner Kindheit sehr hilfreich sein. Vielleicht hast du auch die Möglichkeit, mit deinen damaligen elterlichen Figuren aus dem nahen Umfeld oder beispielsweise auch aus der Zeit erster frühschulischer Erfahrungen das eine oder andere Beobachtungsfeld vertiefend zu klären.

Lade ein für eine Familien- und oder Schul-/Vereinskonferenz! Nutze ein Aufzeichnungsgerät! Lies die Fragen laut und gib Antwort, möglichst spontan und ungeprüft!

1. Was sind deine wesentlichen bzw. typischen Eigenschaften, insbesondere mit Blick auf die letzten 5 Jahre?
2. Was sind einige wesentliche bzw. typische Eigenschaften deiner Mutter?
3. Was sind einige wesentliche bzw. typische Eigenschaften deines Vaters?
4. Lebten sonst irgendwelche Erwachsenen in eurem Haushalt vor deinem 10. Lebensjahr? Wenn ja, gebe eine kurze Beschreibung dieser Person (-en):
5. Mutters Lebensmotto war:
6. Wie zeigte dir deine Mutter Anerkennung?
7. Wie kritisierte dich deine Mutter?
8. Wie hielt es deine Mutter mit dem Ausdrücken von Wut, Freude, Trauer und Angst?
9. Wie wolltest du deine Mutter bei Wut und Trauer beschwichtigen?
10. Wann warst du den Augen deiner Mutter ein „gutes" Kind?
11. Was war Vaters Lebensmotto?
12. Wie zeigte dir dein Vater Anerkennung?
13. Wie kritisierte dich dein Vater?
14. Wie hielt es dein Vater mit dem Ausdrücken von Wut, Freude, Trauer und Angst?
15. Wie versuchtest du deinen Vater zu beschwichtigen, wenn er ärgerlich war?

16. Wer war außerhalb deines nahen Umfelds für dich eine sichere Basis (z. B. Opa, Oma, Pate)?
17. Wann warst du in Vaters Augen ein „gutes" Kind?
18. Was galt bei ihm als milde Strafe, was als schwere Strafe?
19. Was war die übliche Strafe?
20. Welches Verhalten zeigtest du bei Strafen?
21. Welche Spitznamen oder Kosenamen hattest du? Was bedeuteten sie?
22. Wie haben Erwachsene zu dir als Kind gesprochen?
23. Was war konkret oder vermutet Mutters Traum für deine Entwicklung privat und im Beruf?
24. Was war konkret oder vermutet Vaters Traum für deine Entwicklung privat und im Beruf?
25. Entspricht deine augenblickliche private Situation und deine erreichte berufliche Position mehr Mutters oder mehr Vaters Vorstellungen?
26. Durftest du Wut, Freude, Trauer und Angst als Kind zeigen?
27. Was ist dein heutiges Lebensmotto?
28. Was war dein Lebensmotto als Teenager?
29. Was glaubtest und sagtest du als Grundschüler über das Leben?
30. Wie hat sich Leben für dich angefühlt, bevor du in die Grundschule kamst?
31. Was sind deine absoluten Stärken?
32. Welche deiner Eigenschaften magst du nicht leiden?
33. Welche Geschichten aus deiner Kindheit (z. B. Märchen, Erzählungen) mochtest du am liebsten?
34. Welche Person in dieser Geschichte mochtest du am liebsten? Was an ihr gefiel dir besonders gut?
35. Wenn du dich zurückerinnerst, welche Geschichte (Film oder auch Nachrichten) hat dich um dein 16. Lebensjahr herum beschäftigt?
36. Welche Geschichte (Film oder auch Nachrichten) beschäftigt dich aus dem letzten Jahr?
37. Kam dir schon jemals der Gedanke, du seist verrückt geworden oder könntest es eines Tages werden?
38. Wenn du mit jemandem eine Meinungsverschiedenheit hast, neigst du mehr dazu, deinen Standpunkt zu verteidigen oder neigst du dazu, nachzugeben?
39. Glaubst du, dass im Grunde alles nichts bringt oder das Leben im Grunde sinnlos ist?
40. Was war bis jetzt dein größter Lebenserfolg?
41. Was war bis jetzt dein größter Lebensmisserfolg?
42. Nimm an, deine gegenwärtigen Schwierigkeiten bleiben unverändert – was wird dann mit dir in fünf Jahren los sein?
43. Hattest du irgendwelche Vorstellungen, in einem bestimmten Alter zu sterben, und wie würde das dann passieren?

44. Was würdest du auf deinen Grabstein schreiben lassen?
45. Was würden andere möglicherweise auf deinen Grabstein schreiben?
46. Welche körperlichen Beschwerden beobachtest du öfter an dir?
47. Mit welchen Empfindungen sind Ärger oder Unbehaglichkeit für dich besonders häufig verbunden?
48. Aus welchem Lebensalter sind dir diese Gefühle erstmals erinnerlich?
49. Gib eine kurze Charakteristik der Umstände, unter denen diese Art Empfindungen besonders häufig auftreten.
50. Welche Eigenschaften hättest du an deiner Mutter gerne anders gehabt?
51. Welche Eigenschaften hättest du an deinem Vater gerne anders gehabt?
52. Wenn du es frei auswählen könntest - was würdest du an dir gerne ändern bzw. wie würdest du gerne anders sein?

Reflektion: Dampfsperre

Drama-Dreieck

Spiele sind eine Serie von verdeckten Transaktionen, die zu einem Wechsel der Ich-Zustände (**switch**) und einem wohldefinierten vorhersehbaren Ende (**Endauszahlung**) führen, das die **Nicht-o.k.-Position** oder den **Discount (Abwertung)** rechtfertigt. Berne hat herausgefunden, dass Spiele in einer Art Gesetzmäßigkeit sechs Phasen durchlaufen und hat dies in einer Spieleformel dargestellt.

Eric Berne`s Spieleformel

C+	G=	R+	S+	X+	P
Con+	Gimmic+	Response+	Switch+	Cross up+	Pay off
Köder+	Trick+	Reaktion+	Wechsel+	Verwunderung+	Auszahlung

Für Trainingszwecke habe ich in den frühen 1990ern diese Formel reduziert.

Dir könnte gelingen, häufiger aus **Spielen** auszusteigen. Sei vorsichtig mit dem Anspruch „immer". Vielleicht reicht auch ein „weniger". Prüfe, ob du bereit bist, deine Energie in das Aufdecken negativer Beziehungen zu investieren. Das Kaltlassen möglicher Konflikte im beruflichen wie auch privaten Kontext kostet gesichert mehr Energie, als das Aufdecken. So betrachtet ist der Ausstieg ein Training wie mit einem sportiven Partner. Ich habe schon manchem Klienten empfohlen, anschließend in einem Laden für Vereinszubehör diesem eine Münze prägen zu lassen mit dem Eindruck: „Danke. Sie haben sich um meine Entwicklung sehr verdient gemacht!"

Vereinfachte Spieleformel zur pragmatischen Diagnostik

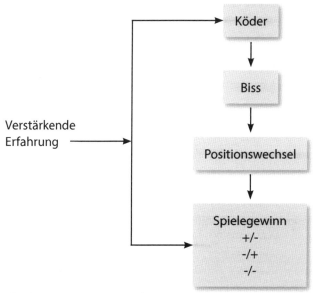

Abbildung: Drama-Ausstiegsformel

Dr. Stephen Karpman hat auf der Bern'schen Spieleformel das **Drama-Dreieck** und dessen Rollen aufgebaut.

Die hier beschriebenen Rollen (Köder) der **Retter, Opfer** und **Verfolger** werden über ihre Entstehungsgeschichte in der Fachwelt sehr unterschiedlich interpretiert. Ich favorisiere die Annahme, dass auf der Grundlage der **Einschärfungen, Rackets, Antreiber** und **frühen Skriptentscheidungen** das Kind in der Phase zwischen dem 2.–8. Lebensjahr sich für eine Lieblingsrolle entscheidet, zumeist für das emotionale Überleben.

Auch können traumatisierende Erlebnisse solche Rollen auslösen und verstärken. Es bedarf dann nur einer entsprechenden Situation, die als **trigger (Auslöser)** fungiert und direkt in flashbacks (Wiederholung) führt. Hier die Rollen und Merkmale im Einzelnen:

Rollen im Drama

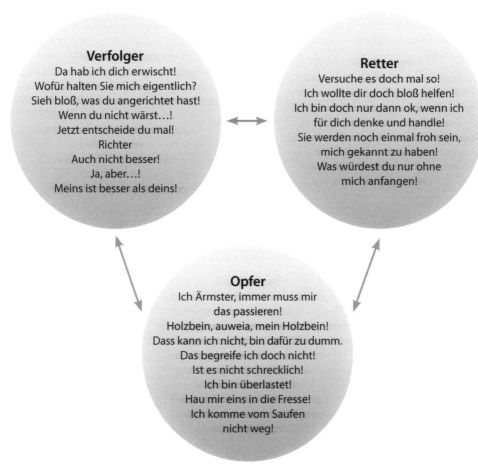

Verfolger
Da hab ich dich erwischt!
Wofür halten Sie mich eigentlich?
Sieh bloß, was du angerichtet hast!
Wenn du nicht wärst…!
Jetzt entscheide du mal!
Richter
Auch nicht besser!
Ja, aber…!
Meins ist besser als deins!

Retter
Versuche es doch mal so!
Ich wollte dir doch bloß helfen!
Ich bin doch nur dann ok, wenn ich
für dich denke und handle!
Sie werden noch einmal froh sein,
mich gekannt zu haben!
Was würdest du nur ohne
mich anfangen!

Opfer
Ich Ärmster, immer muss mir
das passieren!
Holzbein, auweia, mein Holzbein!
Dass kann ich nicht, bin dafür zu dumm.
Das begreife ich doch nicht!
Ist es nicht schrecklich!
Ich bin überlastet!
Hau mir eins in die Fresse!
Ich komme vom Saufen
nicht weg!

Abbildung: Drama-Dreieck

Doch wie ist es mit den frühen Entscheidungen? Gibt es so etwas wie eine frühe Rollenfestlegung? In meiner Zelt in Hannover hatte ich mal in meiner Nachbarschaft einen fünfjährigen Jungen, der eher betrübt, grübelnd und irgendwie sorgenvoll monatelang herumlief. Doch einmal war ich zugegen, als er sein Kindergartentäschchen vor sich her baumeln ließ und freudig hüpfend – an einem herrlichen Maitag – ein Liedchen trällerte und schwupp, da war die Oma, die ihm zurief: „Das Vögelchen, das morgens pfeift, holt abends die Katz!" Batschklatschzerreiszerfetz, sicher ist durch einmalige Botschaft noch kein Opfer entschieden. Gleichwohl schnupperte ich in die Familie mal hinein, gut aufgestellter Haushalt mit reichlich Geld, Folienteich im Garten, Zugehfrau etc., alles vorhanden. Und auch ein komplettes Gegen-alles-sein, Politik, Firma des Vaters, verpasste Berufschance der Mutter, Standort des Hauses, der viele Regen in Hannover etc. Na, nun rate mal, welche Position im **Drama-Dreieck** das Kerlchen im späteren Leben einnehmen wird. Könnte der auf einer Party mal eben rufen: „Hi, schön dass du da bist, was machen wir nachher?" oder begegnet er eher mit: „Mh, äh, hast du auch im Stau gestanden, einfach schrecklich, was heute so auf Straßen los ist!" Er wird durchgängig als **Opfer** ködern, wehe du sagst zu ihm: „Meine Anfahrt war phantastisch!" Ein Rollenwechsel hin zum **Verfolger**, wahrscheinlich zum beliebten **Spiel** „Ohjeh, der Typ ist auch nicht besser…" ist vorprogrammiert.

Spiele und deren Auswirkungen in Organisationen

Spiele haben durchgängig nachstehende negative Merkmale. Sie:

- behindern die Klarheit der Beteiligten,
- verhindern lösungsorientierte Herangehensweisen,
- verhindern Wohlbefinden und Spaß an der Arbeit,
- verhindern den Austausch positiver Transaktionen,
- fördern das Kreisen im Problemdenken,
- verhindern Personalentwicklung nach Bedarf und Qualifikation,
- führen zu Abwertungen der Mitarbeiter und einzelnen Mitarbeitergruppen,
- verhindern Bindung an herausfordernde Ziele,
- behindern klare Entscheider,
- fördern unnötige Email-Verkehre,
- führen zu ohnmächtigem Führungsverhalten,
- behindern das aggressive Herangehen im Unternehmen.

Organisationsspiele

Meistens beginnen sie mit einem eher guten Gefühl während der Startphase. Der **Retter** bietet die Hilfe an, das **Opfer** zeigt sich hilfsbedürftig und der **Verfolger** gilt als Herausforderung. Spätestens nach dem Positionswechsel kippt das Ganze in eine eher negative Gefühlslage. Manchmal wird dieser Vorgang erlebt, als wenn ein Schalter umgelegt würde. Gerade bei längeren Kontakten, beispielsweise Abteilungsleiter und Vorstand, gilt es, das Muster der verstärkenden Erfahrung aufzudecken. Nachstehende Reflektion kann dir dabei helfen.

Beschreibe ein Problem aus dem Organisationsalltag, das nicht in einer rein technischen Schwierigkeit besteht, sondern bei dem das menschliche Miteinander eine Rolle spielt. Viel-

leicht fällt dir ein Geschehen ein, auf das das folgende Schema passt: Der Ablauf wiederholt sich immer wieder gleich oder sehr ähnlich, das Ende ist für einen der Beteiligten oder mehrere unbefriedigend und das Ganze wird emotional als Belastung empfunden. Beschreibe den typischen Ablauf einmal Schritt für Schritt wie ein unbeteiligter Zuschauer nach folgender Formel:

- *wer sagt was (am besten wörtlich),*
- *zu wem,*
- *macht/unterlässt,*
- *wie reagiert der andere,*
- *was geschieht dann?*

Es muss nicht unbedingt ein Problem aus deinem Tätigkeitsbereich sein. Aber je besser du die Schwierigkeit kennst, umso präziser wirst du sie beschreiben können und umso größer ist die Chance, einen brauchbaren Lösungsansatz zu gewinnen. Bedenke auch, was du herausfinden könntest, wenn du ein eigenes Problem wählst:

Rolle	Wer zu wem (Position)	sagt/macht/unterlässt (nur beschreiben, keinesfalls werten)

Reflektion: Spiele im Berufsalltag

Es reicht völlig, aufgrund dieser Reflektion die eigene Rolle innerhalb des **Drama-Dreiecks** zu erkennen. Im weiteren Verlauf werden die Ausstiegsmöglichkeiten aufgezeigt. Du hast mit nachstehender Reflektion die Möglichkeit, umfassend deine Beteiligung an solchen **Spielen** aufzudecken.

Da Spiele weder dem Partner noch einem selbst bewusst sind, kommt es zunächst darauf an, die jeweiligen Situationen aufzudecken und einen Ausstieg zu organisieren. Es kann sein, dass du bei nachstehenden Reflektionspunkten nicht zu allem eine Antwort findest.

Beobachtungsfeld	Rolle	Ausstieg?
In welchen Situationen bekomme ich negative Reize (strokes)?		
Von welchen Leuten bekomme ich überwiegend negative strokes?		
Welche negativen strokes werden in meiner Organisation gegeben?		
Welche Spiele werden in meiner Organisation gespielt?		
Wie beginnen diese Spiele?		
Was ist die verdeckte Transaktion, was der Köder?		
Wie sieht der Wechsel der Ich-Zustände aus?		
Wie sieht der Spielgewinn aus?		
Welche Spiele werden in meiner Familie gespielt?		
In welcher Weise bin ich in diesen Spielen beteiligt? Was ist meine Rolle?		
Was könnte passieren, wenn ich aus diesen Spielen aussteige?		
Welche Spiele werde ich stoppen?		
Wenn es mir gelingt, was werde ich dann tun?		

Reflektion: Bewusstheit über Spielesituationen

Raus aus dem Drama

Lauwarmfrustrierte werden ihre Position beibehalten, sei es die des **Retters**, des **Opfers** oder eben auch des **Verfolgers**. Es kommt darauf an, den Schaden zu spüren und von der Problemsucht in **Chancen- und Lösungsdenken** zu wechseln. Häufig ist es ein Loslassen **negativ kreisender Gedanken**. Für den Aussteiger ist es immer ein Risiko, seine Basisgefühle werden in manchen Phasen durcheinandergewirbelt. Je härter der Klebestoff der Beharrung, desto schwieriger wird er es sich machen.

Du wirst dem Aussteiger nur helfen können, wenn du Wertschätzung empfindest und kritische (therapeutische) Distanz wahrst. Solltest du während des Lösungsprozesses feststellen, dass das nicht geht, dann überweise an einen Kollegen. Und denk dran, „Undank ist des Retters Lohn!"

Die nachstehende Abbildung zeigt eine häufig anzutreffende Denkstörung. Soweit der Aussteiger kognitiv Schaden erkennt und in seinem freien Kind-Ich zu seiner Wut steht, wird er aggressi nutzen können. Dieser Begriff kommt aus dem Lateinischen und heißt nichts anderes, als sich der Lösung stellen, sich auf den Weg machen. Switcht der Aussteiger während des Prozesses auf die kognitive Ebene, besteht Gefahr, unweigerlich Wut und Angst zu mischen. Du solltest bei deiner Ausstiegshilfe dies als Basis für dein weiteres Vorgehen immer im Auge behalten.

Gefühls-Vermischungstrommel

Kognitive Ebene	Schaden	Gefahr
Basisgefühl	Wut	Angst
Primitive Reaktion	Aggressi	• Erstarrung
		• Flucht
		• Angriff
Ziel	Stop! Akzeptiere meine Frustrationstoleranzgrenze	Bitte um Veränderung

Abbildung: Gefühlsvermischungstrommel

Zur Verdeutlichung gebe ich im Folgenden einen Ausschnitt aus einer Supervisionsstunde mit einem Abteilungsleiter, welcher von sich meinte, sich vermehrt gegenüber dem Vorstand auszubremsen. Er brächte es einfach nicht fertig, aus dem Produkt xyz noch mehr herauszuholen, empfände das Verlangen des Vorstandes mehr als unrealistisch und könne seine Ablehnung nicht klar rüberbringen.

Trainer	Klient	Bemerkungen
Was ist nach deiner Meinung mit dem Produkt xyz?	Völlig überholt, die Konkurrenz hat schon längst nachgezogen mit mindestens 3 optimierten Merkmalen. Es ist einfach eine Sauerei, die da oben wollen das einfach nicht wahrhaben!	Ein günstiger Ansatz könnte hier sein, die Wut zu verstärken.
Wer zahlt jetzt und in absehbarer Zeit die Zeche, wenn sie es weiterhin nicht begreifen?	Natürlich ich und meine gesamte Abteilung!	Klient lächelt hierbei.
Ups, ist das für dich zum Lachen?	Natürlich nicht, wie kommst du darauf?	Klient ist im „Verniedlichungsmodus", macht das Problem kleiner.
Solange du das Ganze belächelst, scheint es ja nicht so schlimm zu sein. Hast du auch andere Themen mitgebracht?	Nein, hab ich nicht! Wie meinst du das mit „nicht so schlimm"?	Ich entscheide mich für Verstärkung der Frustration.

Trainer	Klient	Bemerkungen
Offensichtlich ignoriert der Vorstand deine Kompetenz und die deiner Mitarbeiter.	Genau das ist es! Und ich kann da nichts tun!	Treffer, haut mit der Faust auf den Tisch.
Wow, sag mal, was wäre, wenn du im nächsten Kontakt vom Produktthema weggehen würdest hin zur Bewertung deiner Kompetenz?	Da würde ich mich völlig atypisch verhalten.	Formuliert mit leiser Stimme, wegtauchender Blickkontakt.
Könnte es sein, dass wir es mit Wut und Angst gleichzeitig zu tun haben?	Ja.	Klient wirkt erleichtert, kann die Vermischung auflösen.
Ist dir im Moment deine Wurt wichtiger oder deine Angst?	Ganz klar die Angst.	Der Weg für Lösungsorientierung ist damit frei.

Beispiel: Gefühlsvermischung auflösen

Anti-Drama-Schutz

Hin und wieder ist es erforderlich, sich mögliche **Ködersituationen** bewusst zu machen und geeignete Interventionen durchzuführen. Während einer Trainerausbildung kam in der dritten Ausbildungswoche eine Klientin, alleinerziehende Mutter, völlig stolz und sagte, sie hätte etwas Wichtiges in ihrem Alltag umgestellt. Aus der Gruppe kamen neugierige Fragen, was sie denn umgestellt hätte. Sie meinte, nachdem sie das Kind eine Viertelstunde später als gewohnt zur Kindertagesstätte bringen würde, hätte sie nicht mehr die Begegnung mit einer anderen Mutter, die jeden Tag aufs neue rumnörgeln würde. Gute Entscheidung, sich dem **Spielplatz möglicher Dramen** einfach zu entziehen. Meistens geht das nicht so einfach. In der nachstehenden Auflistung findest du Möglichkeiten, erst gar nicht in das hilflose Retten, Opfern oder Verfolgen zu gehen.

Positives Dreieck gestalten

Anti-Retter-Vorgehen
1. Um was geht es dir? Ich vermisse deine klare Frage.
2. Was würde dir meine Antwort geben? Wäre es dann deine Lösung?
3. Ich sehe bei der Lösung des Problems nicht meine Kompetenz.
4. Mir fällt bei deinen Antworten auf, dass du nicht auf meine Fragen eingehst. Soll ich meine Fragen erst nach deinen Antworten stellen?
5. Ich spüre, wie ich meine Energie herunterfahre. Was ist dir im Moment wichtig?
6. Wow, das sind eine Menge Fragen. Welche ist dir im Moment die wichtigste?

Anti-Opfer-Vorgehen

1. Fühlst du dich gegenüber deinem Kontrahenten gleichwertig?
2. Was willst du, was brauchst du in dieser Situation.
3. Was willst du für eine Veränderung investieren?
4. Wärst du bereit, entsprechend der angebotenen Hilfen zu handeln?
5. Fühle ich mich gleichwertig?

Anti-Verfolger-Vorgehen

1. Trennst du die Person vom Konflikt?
2. Fühlst du dich mehr o.k. als die anderen?
3. Spürst du Gefahr? Auf welchem Gebiet?
4. Was ist gefährlich?
5. Was ist dein Gewinn, wenn du in dieser Situation obsiegst?

Beispiel: positives Dreieck

Mit Fragen zur Lösung

Im Vordergrund steht beim **Lösungsdenken** die Vision, das klare Bild, was außerhalb des **Dramas** alles wartet. Die ganz praktische Methode besteht im alten Slogan: „Wer führt, fragt!"

Was sollen Fragen bezwecken? Du verschaffst dir Informationen zum Auslöser des Dramas, dem Trigger. Du erhältst Hintergrundwissen und kannst damit zielgerichteter argumentieren und deine Strategie ausbauen. Du stabilisierst die Bereitschaft für Erwachsenen-Ich und gibst dem Kind-Ich hinreichend Schutz. Wir trennen in folgende Frageformen:

- offen,
- geschlossen,
- alternativ,
- suggestiv,
- entdecken.

Stelle dir einmal vor, du fragst einen Borderliner: „Welche Chancen gibst du unserer Beratung, dass du mit dem Schneiden aufhörst?" Schreibe die vermutete Antwort auf ein Blatt Papier und stelle die zweite Frage: „Macht unsere Beratung für dich Sinn?" Notiere auch hier die vermutete Antwort. Bei welcher Frage war das Antwortvolumen größer? Mit hoher Wahrscheinlichkeit bei der ersten Frage. Hier handelt es sich um

die offene Frage

Offene Fragen beginnen mit einem klassischen Fragewort, z. B. wie, was, wo, weshalb etc. Sie haben die Wirkung einer **Streulinse**, das heißt, dass du deinen Partner für das gesamte Thema anstrahlen kannst und er sich völlig frei entscheiden wird, was und wie viel er dir von seinem möglichen Antwortvolumen mitteilen möchte. Dies ist zugleich der faire Charakter dieser Frageart und kann mit Erfolg in der Bindungsphase der Konfrontation eingesetzt werden. In unserem zweiten Beispiel handelt es sich um

die geschlossene Frage

Diese vergleichen wir mit einer **Brennlinse**: Du strahlst deinen Partner in dessen möglichem Antwortvolumen lediglich im Detail ab. Meistens reagiert der Partner mit „ja" oder „nein". Solche Fragen beginnen mit Tätigkeitswörtern oder Hilfsverben, z. B. befürworten, denken, sollen, können etc. Bei einem häufigeren Einsatz wird der starke Verhörcharakter dieser Frageart deutlich. Soweit der Bindungsgrad im Gespräch stimmig ist und es um die Abklärung von Details geht, ist der Einsatz völlig unbedenklich.

Welche Frageart hältst du für günstiger in der Bindungsphase, die geschlossene Frage oder die offene Frage? Welche der weiteren Fragearten hast du soeben gelesen? Richtig. Das ist

die Alternativfrage

Sie besteht aus möglichst nicht mehr als zwei Möglichkeiten. Alternativfragen haben einen stark **steuernden Charakter**. So wird dich ein wie auch immer geschulter Kellner kaum fragen: „Darf ich Ihnen noch einen Nachtisch bringen?" Er fragt sehr viel eher: „Wünschen Sie den Nachtisch mit oder ohne Sahne?" Du siehst, dass bei der ersten Frage ein Nein provoziert werden kann, bei der zweiten dreht sich die Entscheidung nur noch um einen Zusatz, die Grundentscheidung ist für viele schon klar. Im Rahmen der offenen und ehrlichen Überzeugungskommunikation haben Alternativfragen dort ihren Platz, wo es um Hilfestellungen für den Gesprächspartner geht. Häufig sind das die Bereiche der Informationsphase im Gespräch, bei denen Informationsdefizite für offene Fragen eher hinderlich wären. Nun bist du doch sicher auch meiner Meinung, dass Alternativfragen stark steuernd wirken, oder? Was fühlst du gerade? Kribbeln im Bauch? Ist klar, weil hier handelt es sich um

die Suggestivfrage

Ganze Call-Center-Bataillone werden so getrimmt: „Sie wollen doch sicher für Ihre Tochter auch den besten Versicherungsschutz?" Es wird zwar gefragt, aber der Partner wird schon in eine vorgegebene Antwort gezwängt. Die Entscheidungen sind damit häufig nicht bewusst und für eine gute Vertrauensbeziehung **wertlos**. Anhänger von Überzeugungskommunikation meiden deshalb Suggestionen im Gespräch.

Im Rahmen der Mailänder-Schule (Palaazzoli et. al., 1967) wurden zusätzlich

Entdeckungsfragen

entwickelt. „Was würde es für deine achtjährige Tochter heißen, würdest du mit dem Schneiden aufhören?", „Woran könnten Ihre Mitarbeiter merken, dass Sie sich besser gegenüber dem Vorstand durchsetzen?", „Wie würden deine Schwiegereltern reagieren, würdest du deinen Scheidungswunsch offenlegen?" Für den **Raus-aus-dem-Drama-Effekt** sind solche Fragen genial. Sie reizen zum einen Neugierde-Sensoren des freien Kind-Ichs, lassen Informationen aus bisher unentdecktem Neuland sprudeln und geben dir zum anderen eine Menge Information über den systemischen Hintergrund. So kommt eine ganze Menge an lösungsorientiertem Material zusammen. Hier eine weitere Reflektion:

Untersuche nachstehende Fragen nach der Frageart. Kennzeichne die offene Fragen mit einem O, geschlossene mit einem G, Alternativfragen mit einem A, Suggestivfragen mit einem S und Entdeckungsfragen mit einem E. Kennzeichne darüber hinaus solche Fragen mit einem Sternchen, bei denen du massive Beeinflussung spürest.

Was würde geschehen, würdest du diesen Sachverhalt konfrontieren?	
Kennst du andere Optionen?	
Siehst du dieses Problem eher gegenüber deiner Führungskraft oder eher gegenüber deinen Mitarbeitern?	
Du bist doch sicher meiner Meinung, dass du damit mehr Lebensfreude gewinnen könntest?	
Warum willst du den Vorteil der direkten Konfrontation nicht nutzen?	
Angenommen, das wäre ein Erfolg: Was wäre deine unmittelbare Investition an Risikobereitschaft?	
Woran würden deine Mitarbeiter erkennen, dass du deren Ziele durchbringst?	
Hast du diese negativen Grübeleien eher vor oder während einer Sitzung?	
Was müsste passieren, dass wir auch im heutigen Gespräch zu keinem Ergebnis kommen?	
Liegt das Lösungsdefizit eher an deiner Inkompetenz oder an der deines Partners?	
Woran könnte dein Team merken, dass du diesen Konflikt bereinigt hast?	

Formuliere nachstehende Fragen in Entdeckungsfragen um:

Hast du das verstanden?

Kennst du die Vorteile von Lösungsdenken?

Kannst du morgen vorbeikommen?

Reflektion: Fragemethoden

Soweit so gut. Du eröffnest also zunächst über Fragen ein Handlungsspektrum und kannst je nach Verlauf Lösungsziele ausbauen. Hierbei triffst du häufig auf Widerstand.

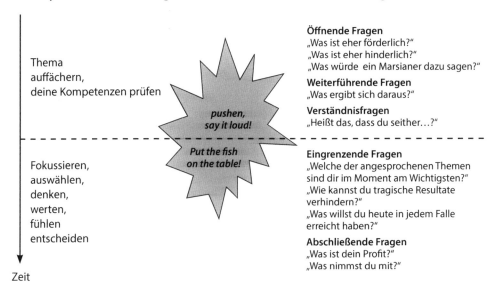

Abbildung: Raus damit

Fragen und Stopper

Je nach dem Härtegrad der Beharrung wirst du feststellen, dass der Aussteiger mögliche Stopper zu überwinden hat. Hierbei kommt es für deine Wirkung entscheidend darauf an, dass du dich nicht in eine unklare Retter- bzw. Verfolgerrolle begibst. Stopper können häufig den Beobachtungsfeldern Situation, Grundierung und Verhalten sowie Bedeutsamkeit von Aktivität zugeordnet werden. Kläre für dich durchgängig nachstehende Fragen:

Situation	Grundierung und Verhalten	Bedeutsamkeit
Liegt Routine vor? Liegt geringe Feedbackfrequenz vor? Ist der Aussteiger eher lauwarm frustriert?	Beharrt der Aussteiger eher in Gefahrendenken? Hat er frühere Durchsetzungserfahrungen in ähnlichen Situationen? Welche zusätzlichen Mittel werden benötigt?	Welche Bedeutung wird einer Veränderung zugeschrieben? Wer hätte auch in seinem Umfeld einen starken Nutzen?

Reflektion: Stopper auflösen

Für den weiteren lösungsorientierten Beratungsverlauf kannst du auf den Ebenen Wissen, Können und Ohnmacht Optionen mit dem Aussteiger kommunizieren. Ich nutze hierbei ein Beispiel aus der Welt des Segelns:

Stopper und die möglichen Ursachen

Beobachtungsfeld	Mögliches Problem
Situation	Wissens-Stopper: Der Aussteiger weiß nicht, dass er am Wind die Segel dicht holen soll
Grundierung und Verhalten	Können-Stopper: Der Aussteiger kann nicht mit der Groß-Schot umgehen
Bedeutung	Ohnmachts-Stopper: Der Aussteiger ist bei einem früheren Versuch gekentert und hat jetzt Angst, die gleiche Erfahrung noch einmal zu machen.

Reflektion: Ursachen eingrenzen

Ein lösungsorientierter Beratungsverlauf sollte immer darauf ausgerichtet sein, nachhaltige Wirkung zu erzielen. Letztlich geht es um nichts anderes, als die **genialen Sekunden** für **kognitive Nachvollziehbarkeit** und **emotionale Reife** für den **Lösungsprozess** zu finden. Spätestens nach dem Herausarbeiten der Stopper sollte durchweg nur noch von

Lösungsoptionen gesprochen werden. Wie oft haben wir schon gehört: „Stelle dich dem Problem!" Anstelle von „Stelle dich der Lösung!" Für den Aussteiger hat dies häufig einen visionären Charakter, dementsprechend solltest du deine Wirkung mit Witz, Charme und Zugkraft einbringen. Nimm an der einen oder anderen Stelle dein Expertenwissen raus. Mehr noch, zeige dich hin und wieder „dümmer als Bohnenstroh". Wenn überhaupt der Aussteiger von dir Nutzen erhalten kann, ist es zuletzt nur eine deiner wertvollen Eigenschaften: Deine Neugier. Übe dich in der Kunst des Palaverns:

Diagnose als Palaver am Lagerfeuer

1. *Bei all dem Gesagten, was ist derzeit dein wichtigstes Ziel?*
2. *Was sind mögliche Sackgassen?*
3. *Wo liegen die Chancen?*
4. *Was wäre in deiner Lebensqualität anders, würdest du dieses Ziel erreichen oder loslassen?*
5. *Wer oder was wird den stärksten Widerstand entwickeln?*
6. *Was wäre dein optimaler Profit?*
7. *Was bist du bereit, für die Zielerreichung zu investieren?*

Abbildung: Pallaver

Problembesitzer und deren Widerstand
Dr. Elisabeth Kübler-Ross fragte einmal Personal von Krankenhäusern, was sie denn empfinden würden, wenn ein Sterbender jemand anderen als sie selbst in seiner letzten Phase dabei haben möchte, beispielsweise eine angelernte Hilfskrankenschwester. Zunächst war völlige Stille im Seminarraum, du hättest eine Nadel fallen hören. Dann kamen kleinlaute Antworten wie: „Ich fühle Schuld, bin wohl in meiner Rolle nicht kompetent

genug…", „Da habe ich wohl was falsch gemacht…" oder auch „Offensichtlich genüge ich nicht den Anforderungen". Ihre fortführende Intervention bleibt für mich unvergesslich: „All die, die so denken und fühlen, geht nach Hause, Ihr habt nicht einmal die Basics eures Berufes begriffen!"

Ein Raunen war die Reaktion und tatsächlich, von 24 Trainees sind 2 aufgestanden und haben den Raum verlassen. Das war 1981. Jahre später habe ich einen von denen wieder getroffen, zwischenzeitlich hatte er einen Namen als Ausbilder von Sterbebegleitern in Häusern der Palliativ-Medizin. Er meinte, das war im Rahmen seiner Ausbildungen eine der wertvollsten Interventionen, die er je erlebt hätte.

Die Trainerin hat hier lediglich den **Widerstand** verstärkt, sozusagen sich nicht zum Beharrungsgegenstand der seitherigen Kommunikationserfahrungen der Problembesitzinhaber machen lassen. Im Sinne der TA hat sie die **Köder** nicht gebissen, sich in Erklärungen und Auflösungsversuche begeben, nein, sie hat Problembesitzer mit dem eigentlichen Unsinn ihrer Überzeugungen konfrontiert. Damit nutzte sie den Widerstand als Motor für weitere Entwicklung. Letztlich basieren solche Interventionsformen in der Überzeugung wirkungsvoller Trainer, dass Widerstand positiv zu betrachten ist und letztlich der seitherigen Überlebensstrategie zuzuordnen ist. Die Auflösungsmöglichkeit liegt hier ausschließlich in der Kompetenz des Aussteigers. Was liegt also näher, als mit weicher oder auch harter Intervention diesen Widerstand aufzudecken?

Widerstand im Drama-Ausstieg
Der Widerstand im Beratungsverlauf kann gerichtet sein gegen:

• empfundene Veränderungsziele,
• die Mittel, die zur Erreichung der Ziele eingesetzt werden,
• deine Interaktionsweisen,
• das Modell vom Funktionieren des Menschen.

Die Formen des Widerstandes können direkt sein:

• Angriffe auf dich und/oder
• dein Konzept.

Häufiger haben wir es mit indirekten, verborgenen Widerständen zu tun:

• rationalisieren bzw. intellektualisieren,
• abschweifen vom Thema „Trifft das auch auf andere Kulturen zu?",
• redefinieren der Ziele „Das müssten Sie mal meinem Chef erklären!"

Umgang mit Widerständen im Drama-Ausstieg

Nachstehende Merkmale einer erfolgreichen Ausstiegsarbeit in Widerstandssituationen haben sich bewährt:

- klare, respektvolle Verträge machen,
- Erlaubnisse geben (du darfst experimentieren, dich wohlfühlen, mit Spaß lernen)
- Schutz geben (durch Information, durch Mitsprache, glaubhafte Entscheidungsfreiheit).
- Power zeigen, damit Schutz und Erlaubnisse glaubhaft werden.
- Sensible und zurückhaltende Interventionen praktizieren.

Gängige Interventionen für den Drama-Ausstieg

Basis aller Interventionen ist die Annahme, dass Widerstand zum Schutz der Überlebens-schlussfolgerungen dient und eine vertragsorientierte und entscheidungsorientierte Vorgehensweise ist.

Interventionsmöglichkeiten sind in weicher und gestaltender Form möglich:

Weiche Interventionen	Ziel
Den Widerstand ignorieren	Den Widerstand vorübergehend zu ignorieren bietet dem Konfronter Gelegenheit dazu, die Entfaltung des Widerstandsverhaltens beobachten zu können.
Den Widerstand konfrontieren	Die Konfrontation des Klienten mit seinen Widerständen hat aufdeckenden Charakter.
Den Widerstand deuten	Die Deutung des Widerstandes kann den Klienten in Kontakt bringen mit seinen verborgenen Skript-Motiven.

Abbildung: Weiche Interventionen

Gestaltende Interventionen, die den Widerstand aufnehmen und benutzen, lassen die Abwehr selbst zum Motor des Wachstums werden:

Gestaltende Interventionen	Ziel
Den Widerstand streicheln	Der Konfronter gibt zu erkennen, dass er den Widerstand des Klienten als Überlebensentscheidung (Karriere etc.) würdigt. Dies setzt im Allgemeinen eine hohe In-House-Kenntnis voraus.
Den Widerstand verstärken	Indem der Klient sein Widerstandsverhalten verstärken kann, erlebt er seinen Einfluss auf sein Verhalten.

Tabellenfortsetzung siehe nächste Seite

Den Widerstand als kooperatives Verhalten definieren	Der Klient erhält eine Aufgabe, deren Erfüllung und Abwehr gleichermaßen einen Fortschritt bedeutet.
Die Bedeutung des Widerstandes außer Kraft setzen	Die Beratung wird so definiert, dass der Widerstand seinen Sinn verliert.
Den Widerstand metaphorisch unterlaufen	Dem Klienten wird eine Geschichte erzählt, in der er sich selbst begegnen kann.
Zum Rückfall in den Widerstand ermutigen	Der Klient spürt seine neue Stärke.
Die Aufgabe von Widerstand streicheln	Die Risikobereitschaft und das Vertrauen anerkennen.

Abbildung: Gestaltende Interventionen

Anzeichen für Ausweichen (Rückdelegation) beim Drama-Ausstieg

Meistens ist die Ursache für Rückdelegation ein mangelnder klarer Vertrag mit dem Partner. Die klassischen Merkmale sind:

- Die direkten Signale der Hilflosigkeit mehren sich.
- Du wirst häufig aufgefordert, auszuhelfen.
- Du wirst häufig über die aktuelle Vereinbarung befragt.
- Deine Entscheidungskompetenz wird auf die Mitarbeiterebene heruntergezogen.
- Du wirst an unteren Hierarchieebenen vorbei direkt befragt.

Es wird immer häufiger über einen Missbrauch unzulässiger Mails geklagt, insbesondere die Inhalte der CC-Zeile ist bemerkenswert. Die **klare Botschaft:** „Schau mal, wie ich dem wieder in die Fresse gehauen habe!" oder auch: „Guck mal, jetzt bist du auch im Spiel!" Meistens wird hierüber nur gejammert, die Bereitschaft konsequent und mit Wirkung diese Kommunikationsform abzustellen fehlt den Mutlosen.

Probiere einmal für zehn Arbeitstage folgendes:

- Bei mehr als fünf Zeilen: Mail löschen!
- Bei nicht eingebrachtem Lösungsvorschlag: Mail löschen!

Natürlich ist der beste Weg die **direkte Konfrontation**. Hier kannst du dem Betreffenden gegenüber klären, was aus deiner Sicht **mailtauglich** ist und was nicht. Natürlich kostet dieser Weg Zeit, mach dir aber klar, wieviel Zeit es dich kostet, wenn du ihn nicht gehst. Bringe da Bewegung hinein und vermeide jegliche Form der Anpassung gegenüber negativen „Mailern". Solche Zeitdiebe solltest du nicht schonen.

Ausstiegsnavigation mit BILA sichern

Nachdem die Positionen im Drama-Dreieck geklärt sind, du dich gegen eine **Retter-Rolle** entschieden hast und im klaren Ausstiegsvertrag stehst, wirst du hin und wieder korrigieren oder konfrontieren müssen. Du gehst in **aktives Feedback im Grenzbereich** der Einstellungssteuerung. Joe Luft und Harry Ingham (1956) haben hierfür Ideen durch das Johari-Fensters geliefert:

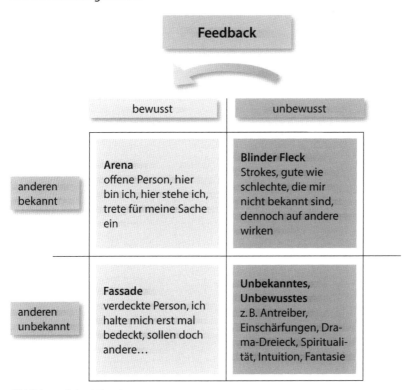

Abbildung: Johari-Fenster

Grundsätze zum Korrigieren

Fehlverhalten oder Fehlleistung, die auf Unwissenheit, Unkenntnis oder Unerfahrenheit des Aussteigers zurückzuführen sind, wird von dir nur korrigiert.

Hierbei wird dem Aussteiger die gewünschte Verhaltensweise, die erwartete Leistung so erklärt, dass er zukünftig die Korrekturgründe vermeiden kann. Damit handelt es sich um nichtwertendes Erklären der gewünschten Verhaltensweise oder Leistung. Damit kannst du auch eine dritte Person beauftragen. Sie sollte hierbei darauf achten, nicht wertend vorzugehen.

Grundsätze zum Konfrontieren

Bei Fahrlässigkeit oder Absicht sind die durch den Aussteiger verursachten Fehlleistungen oder Verhaltensweisen zu konfrontieren. Allerdings sollten nachstehende Kriterien erfüllt sein:

- wiederholt beobachtetes Verhalten, das vom Ausstiegs-Vertrag abweicht,
- mehrfach festgestellte Minderleistungen, die unter dem von diesem Aussteiger zu erwartenden Leistungsniveau liegen,
- eine einmalige – aber sehr krasse – Fehlleistung oder Fehlverhaltensweise.

Beim **Korrigieren** sowie **Konfrontieren** geht der Aussteiger meistens in erklärende Rechtfertigung, startet Nebenthemen. Für eine Eindämmung des Widerstands ist es alternativlos, nachstehende Feedbackregeln zu vereinbaren und konsequent zu beachten.

Konfronter-Regeln	Empfänger-Regeln
Hinweise über das Verhalten anderer sollen nur dann gegeben werden, wenn die Situation so beschaffen ist, in der ruhig zugehört und die Information verarbeitet werden kann.	Hinweise nur dann entgegennehmen, wenn du dazu in der Lage bist.
Hinweise sollen beobachtbares Verhalten konkret beschreiben und nicht das Verhalten interpretieren.	Hinweise solltest du kommentarlos entgegennehmen, nur Unverstandenes hinterfragen
Hinweise sollen möglichst unmittelbar auf die Beobachtung gegeben werden.	Hinweise auf negativ Wirkendes sind gut gemeint. Du brauchst dich deshalb nicht zu entschuldigen, zu rechtfertigen oder zu verteidigen.
Hinweise, die sich auf negativ Wirkendes beziehen, sollen auch die gewünschte Verhaltensänderung erklären.	Auf gleiche Ebene achten.
Hinweise, die sich auf positiv Empfundenes beziehen, sind für den Feedback-NehmerIn mindestens so wichtig wie die anderen Hinweise.	Kompetenz des Konfronters checken.

Abbildung: Feedback-Regeln

Die Folge von **Nicht-Konfrontation** ist **Frustration** und ist letztlich der **Energiefresser** schlechthin. Konfrontation kannst du nicht delegieren. Du kannst hier auf ein bewährtes Strategiemittel zurückgreifen, die **BILA**. Hier sind unterschiedliche Phasen des Konfrontationsgespräches dargestellt:

BILA, ein Konfrontations-Instrument

Den Anderen bei Ausweichmanövern und seinen Widerständen o.k. sein lassen ist das eine, ihm nicht auf den Leim zu gehen das andere. Schließlich ist dein Ziel, mit Wirkung Einstellungs-Veränderung zu erzielen. Nachstehende Formel kann dir helfen, auch in Gefahren der Erhitzung cool zu bleiben.

Lösungsfilter	BILA
Nicht auf den Leim gehen kritische Distanz erhalten	**B** — **Bondingphase (Bindung)** auf Abwertungen achten, put the stinky fish on the table: nicht wertende en bloc-Darstellung, L möglichst vermeiden.
geniale Sekunden provozieren, bewusst den Härtegrad definieren	**I** — **Informationsphase** Nebenthemen zurückführen auf den stinkenden Fisch, im Kreisverkehr ggf. Dosis erhöhen, Lösungen anregen, Anti-Retter-Strategien praktizieren, bewusst L oder A entscheiden, Widerstand streicheln.
Härtegrad steigern	**L** — **Lenkungsphase** unter keinen Umständen zurück nach B oder I. Strenges Eltern-Ich zum Ausräumen der Passivität anwenden. Zwingende Macht zeigen. Sanktionen ansprechen.
Wirkung sichern	**A** — **Absprachephase** Inventarisieren, „Wir haben vereinbart, dass…", Anspracheweg vereinbaren, Sanktion androhen, Rückschaugespräch terminieren.

Abbildung: Themenzentrierte Interaktion BILA

Bindungsphase

Die **Konfrontation** ist ein Gespräch wie jedes andere Interventionsgespräch. Du kannst den Gesprächseinstieg so gestalten, wie der **Aussteiger** das von dir auch von den anderen Gesprächen gewohnt ist. Ein allgemeines Kontaktthema kann dazu beitragen, die gerade für ein Kritikgespräch wichtige offene und persönliche Gesprächsatmosphäre zu schaffen. Aber Vorsicht, es kann auch vorteilhaft sein, auf ein Kontaktthema zu verzichten. Wenn beispielsweise der Aussteiger dies auch aus anderen Gesprächen nicht kennt oder er aufgrund der Vorgeschichte genau weiß, dass das jetzt beginnende Gespräch nur ein Konfrontationsgespräch sein kann. Etwaige **Blockaden** wie **Redefinition** des Themas oder auch **Mangel an Aufrichtigkeit** solltest du konfrontieren. Diese Nebenthemen diagnostizierst du am besten mit den **Blockaden des Dialogs.**

Über die Methode des **Kreisverkehrs** kannst du entspannt und gelassen die Blockaden eliminieren: „Auch das könnte heute ein Thema sein, mir ist im Moment wichtig…".

Informationsphase

Deine einleitende Darstellung des Sachverhalts soll alle während des Gesprächs zu behandelnden Details umfassen. Gleichzeitig muss dies in der Formulierung so kurz wie möglich sein. Denn insbesondere dann, wenn die Darstellung wegen der Aufzählung mehrerer notwendiger Details etwas länger dauert, besteht die Gefahr, dass der Aussteiger erklärend oder sich rechtfertigen wollend zu unterbrechen versucht. Dein Job ist hier, ihm nicht auf den Leim seines Beharrungsklebers zu gehen.

Da dann die Darstellung und das Besprechen der nicht genannten Gesprächspunkte scheibchenweise geschehen müssten, kann es leicht zu Erhitzungen kommen, die eine sachbezogene Themenerörterung stark erschweren könnten.

Die konkrete Darstellung des zu besprechenden Sachverhalts durch dich darf nicht eine abschließende Feststellung eines schon als Fehlleistung bewerteten Verhaltens sein. Der **Aussteiger** hatte bisher noch keine Gelegenheit, sich zum Vorgang zu erklären. Möglicherweise geht aus der Erklärung des Aussteigers hervor, dass du einer Fehlinformation oder Fehlinterpretation eines Dritten aufgesessen bist oder dass es Ursachen und Gründe gibt, welche du bisher nicht kanntest und die ein Verschulden des Aussteigers ausschließen.

Zu diesem Zeitpunkt kann es sich also lediglich um die Darstellung der Angaben und Fakten handeln, die der Anlass zum Gespräch sind. Gibt es Schwierigkeiten, diese Daten und Fakten wertfrei, unvoreingenommen und ohne Schlussfolgerungen darzustellen, sind möglicherweise die Darstellung des Gesprächsanlasses und die Erklärung des **Konfrontationszieles** miteinander verwechselt worden.

Nach der Darstellung des Gesprächsanlasses muss der Aussteiger ausreichend Zeit zur Stellungnahme erhalten. Deine Hauptaufgaben während dieses Teils des Gespräches sind das aktive Zuhören und den Gesprächsablauf so zu gestalten, dass alle in der vorigen Gesprächsphase dargestellten Leistungs- oder Verhaltensdetails erörtert werden. Geschieht das nicht in dieser Gesprächsphase, kann das im Allgemeinen später ohne beidseitige Frustrationen nicht mehr nachgeholt werden.

Lenkungsphase

Die als zutreffend abgeklärten Einzelheiten des Fehlverhaltens werden in dieser Gesprächsphase von dir so aufgegriffen, dass nicht das Fehlverhalten wiederholt wird. Es wird das vom Aussteiger erwartete **Sollverhalten** beschrieben. Diese Beschreibung sollte in der Formulierungsart des strengen Eltern-Ichs geschehen, denn hier werden unverrückbare und durch den Aussteiger unabänderbare Vorgaben, Gebote ausgesprochen. Günstig ist dabei, wenn das erwartete Verhalten, die gewünschte Leistungsqualität in **Wir-Formulierungen** oder sinngemäßen Ausdrucksformen erklärt werden kann. Die unnötig verschärfenden **Sie-Ansprachen** werden vermieden, und der kritisierte Aussteiger gewinnt nicht den Eindruck, dass diese Gebote nur für ihn gemacht sind.

Nur dann, wenn die Verhaltenssituation des Aussteigers dies sinnvoll erscheinen lässt oder bestimmte Einzelheiten des Fehlverhaltens besonders betont werden sollen, brauchst du auf die negativen Auswirkungen des Fehlverhaltens für die Sache (nicht für den Aussteiger) hinzuweisen oder dem erwarteten Verhalten das erwiesene Fehlverhalten zur Verdeutlichung gegenüberzustellen.

Absprachephase

Dies ist für euch beide die entscheidende Gesprächsphase. Denn jetzt werden Lösungswege, Möglichkeiten besprochen, wie der festgestellte Fehler ausgeglichen und der Aussteiger möglichst schnell und sicher das von ihm erwartete Verhalten oder Leistungsniveau erreichen und sichern kann.

Günstig ist, wenn der Aussteiger den von ihm beabsichtigten Lösungsweg selbst aufzeigen und erklären kann. Dies beweist ihm selbst und der Führungskraft, dass das in den Mitarbeiter gesetzte **Vertrauen** berechtigt ist. Findet der Mitarbeiter im Augenblick nicht die Lösung oder sieht er besondere Schwierigkeiten, kannst du an dieser Stelle die Fortsetzung des Gesprächs für eine Bedenkzeit vertagen oder dem Aussteiger Denkanstöße für einen Lösungsweg geben.

In jedem Fall ist aber eine **Vereinbarung** über das weitere Vorgehen erforderlich, soll der Nutzen der Konfrontation nicht in Frage gestellt werden. Je nach Sachlage und kognitivem Störungsvolumen der Person kann es auch sinnvoll sein, ein aufarbeitendes Nachgespräch zu vereinbaren. Eine solche Vereinbarung zeigt dem Aussteiger, dass du sehr an seiner Entwicklung interessiert bist, dass er und seine Leistung für den Ausstieg aus dem Drama wichtig sind.

Ein Konfrontationsgespräch ist für den Aussteiger kein einfaches Gespräch. Damit sein Selbstvertrauen und seine Selbstsicherheit gestärkt werden, solltest du bei zufriedenstellendem Gesprächsverlauf abschließend zum Ausdruck bringen, dass durch bespro-

·chenes Verhalten die **grundsätzliche Wertschätzung** nicht beeinträchtigt ist. Nach dem Gespräch solltest du eine Reflektion durchführen. Günstige Merkmale findest du hier:

Nutze nachstehende Beobachtungsfelder für deine Reflektion nach diesem Gespräch. Prüfe zugleich, ob du die erforderliche Wertschätzung und kritische (therapeutische) Distanz nach wie vor aufrecht erhalten kannst.

Feld	Merkmale
Denken im Alles oder Nichts	Die Energie ist auf eine **Beweisführung** gerichtet, dass weder das eine noch das andere geht. Die Grauzonen werden als Handlungsraum ausgeblendet.
Generalisierung	Das Werten ist auf eine unzulässige Verallgemeinerung bzw. Übertreibung gerichtet.
Ausblendung	Aspekte, die eigene Möglichkeiten zur eigenen Problemlösung zeigen können, werden gedanklich ausgeblendet.
Sprünge zur Schlussfolgerung	Die Situation wird so wie sie ist nicht in angemesser Art und Weise angeschaut und in ihrer Existenz akzeptiert.
Abwertung von positiven Aspekten	Rechtfertigt das Einnehmen einer Opferposition und das Erstarren in Passivität, also Nichthandeln, ermöglicht es, Gefühle von Panik oder Hilfsigkeit zu produzieren. Hält eventuell die Idee aufrecht, dass „die anderen" erst zu liefern hätten.
Gefühle zur Begründung von Verhaltensoptionen	Gefühle werden hier als zwingende Begründung zum Ausschluss von Verhaltensalternativen verwendet. z. B.: „Ich fühle mich durch meinem Partner abgelehnt, ein Reden mit ihm ist unmöglich."
Man sollte -Statements	Hier wird meist Einigkeit von Eltern-Ich zu Eltern-Ich angeboten. Eigenes Aktivwerden oder auch die fällige Desillusionierung darüber, dass die Welt nicht so ist wie man sie haben will, werden vermieden.
Etikettierung statt Beschreibung	Etikettierungen verwischen die genaue Dynamik eines Prozesses.
Personalisieren	Macht andere Personen leicht zu Sündenböcken.
Überdetaillieren	Erst keine Nähe entstehen lassen.
Redefinieren	Spielen des eleganten Bewältigers.

Reflektion: Widerstandsformen

Mache dir durchgängig klar, dass der Konfrontierte, je nach Kompetenzgrad, zu **Fluchtverhalten** neigt. Es liegt an dir, für Klarheit zu stimulieren und diese zu halten.

Prophylaxe durch Vertrauensverträge

Sollte im Ausstiegsverlauf eher mit zähen Widerständen zu rechnen sein, solltest du auf **Vertrauensverträge** hinwirken. Doch was ist Vertrauen, gerade im betrieblichen Kontext? Vertrauen basiert positiv auf:

• gegenseitigem Einverständnis für das, was zu lösen ist,
• gleichwertiger Kompetenz,
• angemessener Gegenleistung und
• gemeinsam empfundener Ethik.

Blindes Vertrauen zeigt sich in negativer Auszahlung dann, wenn:

• Partner Verträge schließen, ohne dass Vertrauen vorhanden ist.
• Verträge angenommen werden, ohne dass die Erwartungen offen ausgesprochen worden sind.
• ein Vertrag als noch geltend angenommen wird, nachdem die Auflösung bzw. der Bruch bereits Dynamik entwickelt sowie
• ein Vertrag für perfekt gehalten wird, ohne Ausrutscher.

Opfer haben blindes Vertrauen zum **Retter**, gleichwohl werden sie als **Verfolger** enttäuschen. Opfer beweisen damit lediglich ihre depressive Grundierung.

Partner können ihre Beziehung zueinander durch **Vertrauensverträge** vertiefen. Es gibt fünf Vertrauensverträge, einen für jeden Ich-Zustand.

Zusammenbruch-Verhinderungsvertrag (strenges Eltern-Ich)
Die Partner vereinbaren, Strukturen und persönliche Standards beizubehalten. **Keine Drohung**, den anderen zu verlassen, wenn das oder jenes nicht geleistet wird.

Schutzvertrag (unterstützendes Eltern-Ich)
Die Partner vereinbaren, sich gegenseitig vor unnötigen Sorgen und Schmerzen zu schützen. Sie definieren Dystress auslösende Faktoren und sichern sich gegenzeitig zu, **Unterstützung und Information** zu geben. Die Partner vermeiden, den anderen in peinliche Situationen zu führen bzw. unnötigen Ärger und Unsicherheiten zuzulassen. Schwachpunkte des anderen werden nicht ausgenutzt.

Offenheitsvertrag (Erwachsenen-Ich)
Die Partner vereinbaren, Probleme sofort anzusprechen und nichts auf die lange Bank zu schieben. Diese Gespräche werden ohne Blockaden geführt entsprechend der Regel:

- Sprich es an!
- Sprich es durch!
- Bring es zu Ende!
- Bring es unter Dach und Fach!

Vergnügungsvertrag (freies Kind)
Die Partner vereinbaren, sich **gegenseitig Freude** zu bereiten. Erfolge werden gefeiert, es gilt: Wir stellen uns mit **Neugier** den Lösungen. Stimulanzen, die Langeweile fördern, werden ausgeschlossen.

Flexibilitätsvertrag (angepasstes Kind)
Die Partner vereinbaren, bei Auseinandersetzungen spontan nicht auf den eigenen Standpunkten zu beharren bzw. dem anderen **um des lieben Friedens willen** zuzustimmen. Rigide und starre Haltungen werden aufgedeckt und beseitigt.

Prozessoptimierung und Wirkung in Sitzungen

Günstig für die Prozessoptimierung ist eine kontinuierliche Reflektion und Auswertung. Nutze hierbei nachstehende Fragen:

Beobachtungsfeld des Konfronters	Skalierung 0 = gar nicht, 10 = total
Informationswert: Waren die Informationen für mich wichtig oder bedeutsam?	0 ⟷ 10
Offenheit: Habe ich das Lösungspotenzial offen angesprochen?	0 ⟷ 10
Wertschätzung: Habe ich Wertschätzung gegeben/entgegengenommen?	0 ⟷ 10
Einflussnahme: Habe ich Einfluss genommen und Wirkung erzielt?	0 ⟷ 10
Veränderung: Veränderung zum vorherigen Kontakt?	0 ⟷ 10
Lösungsansätze: Lösungen auf den Weg gebracht?	0 ⟷ 10

Reflektion: Prozessverlauf beobachten

Es geht hier nicht darum, durchgängig Optimalwerte zu erzielen. Du kannst dich fragen, erkennen die anderen deine Zufriedenheit? Eventuell auch deine Unzufriedenheit? So betrachtet ist es dein Job, klare **Signale der Wirkung** zu zeigen. Dies bedeutet, dass du hin und wieder tatsächliche **Krisen** zu **initiieren** hast, damit sich die anderen auf der **Grundlage von Klarheit** entsprechend auf dich einstellen. Es liegt auf der Hand, dass solche Interventionen Zeit benötigen, nur, wieviel Zeit geht verloren, wenn du **stumm** bleibst?

Umgang mit Macht, den Klebstoff entfernen?

Macht in der Ausübung von wirkungsvollem Lösungshandeln hat einen ganz besonderen Stellenwert. Gerade in solchen Organisationen, die eine dynamische Weiterentwicklung erleben, ist häufig eher ein Verhalten von Ohnmächtigen gegenüber den Prozessen und Bedingungen erlebbar. Aussagen wie: „Wir können nicht anders, die Zwänge der Globalisierung, des Marktes, die ständige Forderung nach mehr Personal etc." sind an der Tagesordnung. Verunsicherung bei nahezu allen Beteiligten ist häufig die Folge. Wie hast du den Begriff **Macht** emotional in Abgleich mit deinen Werten besetzt? Es lohnt sich, sich ganz grundsätzlich mit dem Begriff auseinanderzusetzen. Steiner definierte Macht als Vermögen: „Ich spreche von Selbstbehauptung und Selbsterfüllung, für Stärke, für Macht – aber eben für die andere Seite der Macht, für ein Vermögen, über das wir selbst und unmittelbar verfügen: unser Vermögen zu lieben, zu kommunizieren und zu kooperieren und die Kraft unserer Durchsetzungsfähigkeit, die ich für grundlegend, greifbar, einsetzbar und dauerhaft halte." (Claude Steiner, 1981).

Wirkung im Change-Management
Ein Ausstieg aus der Ohnmachts-Grundierung ist nur dann möglich, wenn die Beteiligten eine Bewusstheit über Anpassungs-Dynamiken und deren Ursachen haben. Es ist zugleich entscheidend, wie sie sich ihrer **realen Macht** stellen bzw. diese ausbauen. Entscheidend ist hierbei, dass Veränderungsprozesse:

* konsequente Führung,
* blockadefreie Kommunikation,
* Bindung an Ziele,
* Netzwerkhandeln für Führungskräfte und Mitarbeiter sowie die
* Erlaubnis für die Arbeit mit Gefühlen in der Organisation

benötigen.

Im engeren Sinne sind machtvolle Gestalter in der Lage, situativ andere zu einem bestimmten Verhalten zu bewegen. Sie sind mit Eskalationsverläufen dann einverstanden, wenn sie unumgänglich sind. Sie wahren **Wertschätzung** und **kritische Distanz**.

Die unterschiedlichen Macht-Typen

Der Begriff Macht wird in aller Regel sehr stark mit eigenem Erleben, beginnend mit den frühen Durchsetzungs-Erfahrungen in der Kindheit, belegt. Tatsächlich ist es nicht entscheidend, ob der Begriff Macht eher positiv oder eher negativ erlebt wird. Es gilt eher, Macht als einen kontinuierlichen Entwicklungsprozess zu begreifen. Gerade im betrieblichen Kontext gilt es, das Potenzial für mögliche Ressourcen zum Ausbau der Wirkung zu hinterfragen.

Machttyp 1: Der „Es stärkt mich"-Typ

Wir treffen häufig auf Entscheidungsträger, die sich eher in starker Abhängigkeit zu anderen oder eben auch geschriebenen Normen sehen. Dann heißt es häufig: „Es ist ja nicht wegen mir, der Vorstand verlangt das und jenes" oder auch „Die Zwänge der Globalisierung" etc. Sie handeln grundsätzlich nach dem Motto: „Mache es jedem recht und verzetteln sich in zum Teil widersprüchlichen Entscheidungen". Sie ködern andere gerne mit dem: „Ist es nicht schrecklich, warum muss immer uns so etwas passieren?" In Projekten zeigen sie sich meist hoch motiviert, vorausgesetzt, sie spüren die Erlaubnis zum Mitmachen von einer höheren Instanz. Sie schöpfen ihre Erlaubnis aus den Bestimmungen gesetzlicher Normen oder auch gerade aus einer gut aufgestellten Geschäftspolitik. Gerade deswegen ist entscheidend, mit Typ 1 fürsorglich wohlwollend und damit eher sanft und integrierend umzugehen. Es gilt, ihm in seiner Managerrolle die Chance zu eröffnen, Verantwortung zu übernehmen, sich mit eigenem Profil zu zeigen und für kritische Loyalität zu qualifizieren.

Machttyp 2: Der „Ich stärke mich"-Typ

Dieser Typ von Manager schöpft seinen Selbstwert aus dem Gefühl, andere nicht nötig zu haben. Doch aufgepasst: Unter dem Deckmantel der Kooperation sucht er häufig das Gespräch, achtet auf die Durchführung regelmäßiger Besprechungen, zeigt sich jedoch bei genauerem Hinschauen als ausgemachter Einzelkämpfer und verfügt meist schon über vorgedachte Entscheidungen. Beteiligungsformen mutieren zu Alibi-Veranstaltungen. Getrieben von dem Ziel, sich stark und mächtig zu fühlen durch Kontrolle über sich selbst, ist eine verstärkte Auseinandersetzung mit Typ 2 angesagt. Es geht darum, ihm die Chance zu geben, in Auseinandersetzung mit anderen kooperative Erfahrungen zu sammeln und die Freude am Kontakt und an Beziehungen zu finden.

Machttyp 3: Der „Ich habe Einfluss auf andere"-Typ

Kontrolle über andere und das latente Gefühl der Überlegenheit sind der Nährboden für Typ 3-Manager, um sich stark und mächtig zu fühlen. Sie umgeben sich mit der Aura des Verfolgers, der im autoritären Stil über die Bedürfnisse und Erfahrungen anderer hinweggeht. Dieses: „Sie werden noch einmal froh sein, mich gekannt zu haben" oder auch ständiges Kritisieren erzeugt bei vielen wenig Bereitschaft, sich in Veränderungsprozesse einzubringen, geschweige denn, sich gedanklich überhaupt damit auseinanderzusetzen. Somit geht ein ungeheures Potenzial an Ideen verloren oder aber Betriebsräte werden das Auffangbecken für Demotivation und Ideenstau. Typ 3 ist so gesehen ein idealer Starthelfer bei eher schwierigeren Projekten. Seine Energie garantiert häufig das Durchsetzen erforderlicher Maßnahmen gerade bei solchen Kräften, die nicht kooperieren wollen. Gleichwohl kommt es darauf an, im weiteren Verlauf ihm die Ressourcen der eigenen und fremden Bedürfnisse zu verdeutlichen.

Machttyp 4: Der „Es drängt mich meine Pflicht zu tun"-Typ

Quelle des Gefühls, sich stark und mächtig zu fühlen, ist hier die Einwirkung auf andere im Dienst einer höheren Sache. Statussymbole, Entgelt und sonstige Anreize werden eher verpönt. Die Energie für Typ 4 ist entgegen Typ 3 auf echte Kooperation ausgerichtet. Das Umfeld hat die Chance, Bedürfnisse und Ideen einzubringen und bei Entscheidungen sich wiederzufinden. Doch auch hier besteht Handlungspotenzial, denn häufig verliert Typ 4 die eigenen Ziele und Bedürfnisse aus den Augen, wenn es gilt, höhere Ziele für alle zu erreichen.

Fehlentwicklungen der Machtquellen

Nachstehendes Schema zeigt klassische Verhaltensmerkmale bei einer Fehlentwicklung. Hier gibt es häufig eine hohe Abwesenheitsquote und ständiges Beklagen über angeblich nicht lösbare Probleme. Kreative und innovative Kräfte werden eher als störend empfunden.

Anteile	Überentwickelt	Unterentwickelt
Fachliche Kompetenz	Spielt den **Retter** und Guru, zeigt im Alltag den Robin Hood und neigt dazu perfekt zu sein	Wartet auf Erlaubnisse, zeigt sich unangemessen angepasst, das hilflose **Opfer**.
Soziale Kompetenz	Ist davon überzeugt, andere nicht überzeugen zu können, verliert sich im Detail, bleibt auch in Beziehungen **einsam**	Mutlos, sich nicht trauend, Position zu beziehen, **angepasster Mitläufer**, vielfach Außenseiter
Empathie	Vernachlässigt eigene Bedürfnisse, häufige vorweggenommene Unterstellung in den Dienst der Sache, neigt zur Sekundärbelastung	Schnöde, kalt, aufgabenbezogen, kooperationsverweigernd, ständig rationalisierende Interventionen, Warum-Fragerei
Kontrolle	Detailverliebt, ständig sich selbst und **andere abwertend**, durchgängige Unzufriedenheit, Erfolge nicht genießen können	Übergrenziges Verhalten, über Depressiv-Sein **ködern**, sich von anderen abhängig machen, des eigenen Wertes nicht bewusst sein
Glück und Zufriedenheit	Tunnelblick, Gutdraufsein als Kontaktmittel einsetzen, andere liegen lassen, ggf. **ausgrenzen**, Leben in Verlustängsten	Apathisch sein, jammern als Überlebensstrategie einsetzen, sich mit anderen Ohnmächtigen verbünden, **destruktiv sein**

Abbildung: Fehlentwicklung Macht

Ein Ausstieg aus den Fehlentwicklungen benötigt manchmal eine gehörige Portion Mut.

Mut tut gut!

TA ist häufig eine gute Trainingsplattform, gerade auch in Engpässen, die Verfügbarkeit über alle drei **Ich-Zustände** zu wahren. **Freude, Wut** und **Trauer** fordern hin und wieder mutiges Handeln, erst recht in Situationen der **Angst**. Gefühl und Handlung zusammenzubringen ist hin und wieder nicht einfach. Tut Mut gut? Ja, denn Mut erzeugt:

- aufrecht und direkt sein,
- klare Kommunikation anbieten,
- Umdeutungen (Redefinitionen) vermeiden,
- angemessen emotionalisieren und rationalisieren,
- eigene Grenzen spüren,
- die Wirklichkeit erleben und kreativ mit ihr umgehen,
- Spaß an der Wirkung haben,
- Lebendigkeit spüren,
- Macht zeigen.

Mut ist wichtig, alles andere folgt von selbst.

Angst und **Zittern** begleiten das Erwachsenwerden. Wir brauchen Mut zum Loslassen. Meistens müssen wir da an Orte gehen, die wir fürchten, dafür brauchen wir Mut und Unerschrockenheit. Es gilt, Grundmuster zu hinterfragen:

- Wie verhalte ich mich, wenn ich das Gefühl habe, mit einer Situation nicht mehr fertig zu werden?
- Wo suche ich nach Kraft und wozu habe ich Zutrauen?

Was ist Mut?
Sören Kierkegaard formulierte: „Etwas wagen heißt, für kurze Zeit den Boden unter den Füßen zu verlieren. Nichts wagen heißt, sich selbst zu verlieren." Doch was ist Mut? Mut wird gewöhnlich beschrieben als die **Macht** des Geistes, Angst zu überwinden. Damit ist Mut Geistesstärke, die alles überwindet, was die Erlangung des höchsten Gutes bedroht. Zusammen mit Weisheit, Mäßigung und Gerechtigkeit gehört Mut zu den Kardinaltugenden. Mut ist damit eine **Selbstbejahung**, trotz all dessen, was dazu beiträgt, das Selbst zu würdigen, zu handeln.

Mut ist eine Sache des Herzens und damit des **Zentrums der Person**; deshalb können wir für mutig auch beherzt sagen (das französische und englische Wort courage ist von coeur abgeleitet).

Mut ist die Möglichkeit, Angst zu akzeptieren und dennoch handlungsfähig zu bleiben. Mut steht versus **Apathie** und Ohnmacht. Mut, das ist vielfach die Konzentration auf Ressourcen, die Suche nach Alternativen. So betrachtet ist Mut eine **Investition für Lösung** und Wirkung. Mut heißt auch, **krisenorientiert** die **Frustrationstoleranz** zu achten, sprich dem freien Kind gegenüber dem angepassten Kind Raum zu geben.

Mut kommt in dem Maße auf, in dem wir uns darüber Klarheit verschaffen, was uns besonders wichtig ist und was wir unbedingt wollen. Mut ist das starke Gefühl, Schwierigkeiten gewachsen zu sein.

Mut ist nicht das Gegenteil von **Verzweiflung**. Mut ist nicht das Fehlen von Verzweiflung. Mut ist die Fähigkeit, trotz der Verzweiflung voranzugehen. Ein wesentliches Charakteristikum dieses Mutes ist es, dass er eine Zentriertheit in unserem eigenen Sein erfordert, ohne die wir uns leer fühlen.

Die **innere Leere** korrespondiert mit einer **äußeren Apathie** und hat längerfristig Feigheit zur Folge. Das ist der Grund, warum unser Engagement immer aus dem Zentrum unseres eigenen Seins kommt oder es wird letztlich nicht authentisch sein.

Mut und Draufgängertum

Mut sollte darüber hinaus nicht mit Unbesonnenheit verwechselt werden. Was sich als Mut ausgibt, kann sich als bloße Waghalsigkeit, Tollkühnheit und auch **Ignoranz** gegenüber Gefahr herausstellen, die dazu dient, die eigenen unbewussten Ängste zu kompensieren.

Mut ist keine Tugend und erst recht kein Wert neben anderen persönlichen Werten wie **Liebe oder Treue**. Er ist das Fundament, das allen anderen Tugenden und persönlichen Werten zugrunde liegt und ihnen Realität verleiht. Ohne Mut verblasst unsere Liebe zur bloßen Abhängigkeit. Ohne Mut wird unsere Treue zu Konformismus.

Einer der Gründe, weshalb wir zu schnellen Lösungen greifen, statt mutig etwas Neues zu träumen, ist die irrige Annahme, mutiges Handeln erfordere Opfer. In Wirklichkeit aber kostet uns die Feigheit noch viel mehr: Sie kostet uns unsere Überzeugungen, Prinzipien, Hoffnungen und Träume.

Mut ist häufig ein Zugrundegehen und dies im wahrsten Sinne des Wortes. Hellwach sich der eigenen Kompetenz und Handlungsfähigkeit in Grenzbereichen der Kommunikation zu stellen bedingt zielgerichtete Aktivität. Der Mutige stellt sich gegen die Apathie und bleibt auch in Krisen aktiv.

Mut, Courage	Bewusstheit, Vorsicht, Besonnenheit	Aktivitäten
Starke Sensibilität für Situationen, Situativ sich zurückhalten können, empathisch auf andere zugehen, intra- und interpersonelle Blockaden überwinden, gegen Apathie sein	Gefühlstaubheit aufgeben, Seelentaubheit lösen, Empfindungen spüren und situationsangemessen handeln	Wahrnehmen und ausdrücken trainieren, „Stop! Akzeptiere hier die Grenze!"

Tollkühnheit, Draufgängertum	Apathie/Depression, Angst, Feigheit	Passivitäten
Ausblenden der realen Handlungsmöglichkeiten, keine Eigensicherung, billige Gefolgschaft, Opferspiel „Versetze mir eins!"	Hoher Grad an Gefühlstaubheit, Gefühle werden „weggemacht", keine Bewusstheit über Eigen- und Fremdgefährdung	Kontinuierlich anderes als das Notwendige tun, sich selbst und andere in ihren Fähigkeiten abwerten

Abbildung: Werte-Mix Mut

Lizenz für Stauauflösung

Bist du eher häufig von Mutlosen umgeben? Wenn ja, in welchen Situationen? Was würden Mutige zu deinem derzeitigen Verharren sagen?

Erteile dir deine eigene Lizenz für die Stauauflösung. Es gilt auch hier, nicht jeder Stau ist es wert, aufgelöst zu werden. Dies gilt insbesondere für die **Hindernis-Frustrationen**, also solche, bei denen wir derzeit nicht über Optionen zur Auflösung verfügen. Doch keine Sorge, mit der nachstehenden Reflektion wirst du vielleicht doch den einen oder anderen Weg erkennen.

Du hast hier die Möglichkeit, dein **Erwachsenen-Ich** auf mögliche Widerstände vorzubereiten. Meistens beginnt es mit dem eigenen Widerstand, diesen zu erkennen und wirkungsvoll mit ihm umzugehen. Mancher Manager hat sich förmlich darauf trainiert, eigene **Widerstände** erst gar nicht wahrzunehmen gemäß dem Motto: „Das darf nicht sein, passt nicht zu meiner Rolle." Viel Spaß mit nachstehender Reflektion:

Welche Situationen stimulieren eher für kompliziertes oder negatives Denken?

Situation	1. _____ 2. _____ 3. _____ n.n.			
Beobachtungsfeld	Eigene Vorteile	Eigene Nachteile	Fremde Vorteile	Fremde Nachteile
Was will ich?				
Was tue ich?				
Was tue ich, um das was ich will, zu erreichen?				
Woran werde ich merken, dass ich auf einem guten Weg bin?				
Wie kann ich mich für meine Zielerreichung hindern?				
Saldo			ja	nein
Nutzen höher				
Nutzen geringer				
Datum:				
Wiedervorlage:				

Reflektion: Lotsenpapier

Die Bindungs-Theorie im Kontext TA

Hier nutze ich vorab ein Beispiel, stellvertretend für viele Supervisions-Erfahrungen.

Klient, Enddreißiger, klagt nach genialem Karriereweg und hohem Einfluss auf seine Organisation über eine diffuse Leere. Er würde nur noch funktionieren, quasi am Alltag vorbeileben und sich einfach nicht mehr begeistern können. Dies gelte in gleicher Weise auch für seine Ehe und der schulischen Entwicklung der Zwillinge, beide 14 Jahre alt. Nun sei eine Horde von wohlmeinenden Personalern über ihn hergefallen, die ihm empfahlen, wegen vermutetem Burnout einmal mich zu kontaktieren.

Ein Auszug aus dem Erstgespräch, natürlich mit seiner Genehmigung:

Trainer	Klient	Bemerkungen
Bei allem Drama, was du mir da so schilderst, darf ich dir eine vielleicht ungewöhnliche Frage stellen? Eine, wo du eventuell meinst: Mamamia, was ist denn das für einer?	Jo, klar….	Ich nutze gerne solche Einstiege, noch vor der Entwicklung der Supervisionsziele.
Wie hältst du es mit Wut und Trauer?	Hm, nicht so dolle, bin schon mal ärgerlich, meinetwegen auch trotzig, das mit Trauer verstehe ich nun wirklich nicht. Spontan fällt mir dazu ein, dass meine Mutter immer traurig war, sie hat als Kind wohl ihren Bruder durch einen Unfall verloren.	Hier ist die Entscheidungsmöglichkeit, für das Thema in die Skriptauflösung zu gehen oder eben konkret bei der aktuellen beruflichen und privaten Situation zu bleiben. Ich entscheide mich für Letzteres.
Hm, dann hast du ja schon Erfahrung mit Trauer, sag mal, wann bist du denn für dich in diffuse Leere im Arbeitskontext gestartet?	Keine Ahnung, es läuft doch alles rund….	Nachvollziehbarer Widerstand, hier werden Erlauber erforderlich, beispielsweise durch methaphorisches Unterlaufen.
Naja, hin und wieder sagen manche meiner Klienten: Wie gerne wäre ich doch in einer früheren Aufgabe geblieben….	Ups. Stimmt. Eigentlich war meine beste Zeit, als ich noch direkt im Vertrieb kreativ mit hervorragenden Mitarbeitern unterwegs war, das war vor 2 Jahren….	Diese Aussage sollte der Klient sich nicht durch die Lappen gehen lassen, es gilt nun, den Verlust deutlich zu machen.
Wow, das hört sich nach voller Zufriedenheit an, nach einer glücklichen und effizienten Zeit…	Allerdings. Wenn ich da so an verschiedene Projekte denke, wird mir es ganz warm ums Herz….	Klient sprudelt förmlich los, bringt eine Menge Beispiele.
Was spürst du im Moment?	So etwas wie Trauer. Ich hab wohl etwas verloren.	Hier formuliert der Klient erstmalig ein verleugnetes Gefühl, das er bis jetzt so noch nicht formuliert hatte.
Ist da auch Wut dabei?	Absolut. Schließlich hatte ich gar keine Wahl, ich musste die jetzige Aufgabe annehmen, sozusagen auf Biegen und Brechen.	Im weiteren Verlauf wird es nun darum gehen, machtvoll mit den beiden Basisgefühlen Wut und Trauer umzugehen.

Beispiel: Gefühle bewusst machen

Dieser Ausschnitt macht vielleicht deutlich, welch ungeheure Mengen an Energien in einem nicht vollzogenen Trennungsprozess gegenüber einer seitherigen Rolle gebunden sind. Die Folge hiervon ist häufig ein **Nichtankommen** in der aktuellen Aufgabe. Meistens gilt die Regel: Wir haben die betrieblichen Veränderungen klar vollzogen, sind betriebswirtschaftlich, meinetwegen auch arbeitsjuristisch wasserdicht, also, nicht lange herumreden, seid klar für neue Ziele und Visionen. Für aktive Gestalter – aus dem **Management** und/oder den **Betriebsräten** – bedarf es meist einer gehörigen Portion **Mut**, auch den Gefühlen der Beteiligten in Changeprozessen Raum zu geben.

So betrachtet ist **Change-Management** auch ein gehöriger Packen an **Wut- und Trauerarbeit**. **Trennung** ohne **Trauer** gibt es nicht. Und in aller Regel ist die **Wut** der eigentlichen Trauer vorgeschaltet. Nachstehende Abbildung gibt den Bindungskreislauf wieder:

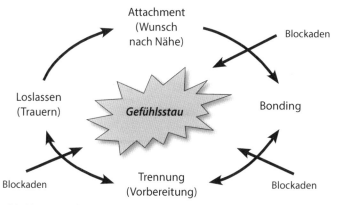

Abbildung: Bindungskreislauf

Während der Arbeiten zu diesem Buch sagte mir am Rande eines Seminars ein Vorstand, zuständig für Organisation und Finanzen bei einem großen Finanz-Dienstleister, ein Ökonom durch und durch: „Also weisste, als du nach zwanzig Minuten mit **Nähe, Bonding, Trennung** und **Trauer** kamst, war meine erste Reaktion **Widerstand**, wen haben wir denn da geholt? Gehalten hat mich ausschließlich deine Begeisterung, wie du dieses Thema vorgetragen hast. Jetzt könnte ich euphorisch Bäume rausreißen!"

Er verantwortet in seiner Organisation seit 2004 den permamenten Wandel. Kontinuierliche **business-reingeneering-Prozesse**, Einführung von Kennzahlensystemen, teilweise dramatische Veränderungen in der Aufbau- und Ablauforganisation sind mit Bewertung der betriebswirtschaftlichen Brille fantastisch und höchst professionell vorgenommen worden, sprich zeitnah und effizient. Eben nur mit dieser Brille. Übersehen wurde nur eines: der komplette psychologische als auch soziologische Aspekt, der mit diesem permamenten Wandel einhergeht. Wie geht beispielsweise ein ehemaliger Niederlassungsleiter mit dem Verlust seiner seitherigen Rolle um? Selbst dann, wenn er in der neuen Aufgabe bedeutend mehr verdient? Eine outgesourcte Köchin, welche die gleichen Kunden wie früher bekocht, jetzt eben bei einem Caterer angestellt? Darauf verpflichtet ist, den Change hinzunehmen möglichst mit einer Jausajausa-Stimmung, auf auf zu neuen Zielen?

Es geht nicht darum, Depressions-Verstärkungs-Runden in das Leben zu rufen, in denen ausschließlich der Verlust seitheriger Aufgaben betrauert wird. Es geht um eine konsequente Begleitung der Führungskräfte und Mitarbeiter, auch emotional sich im Loslassen zu üben und Bonding zum Neuen herzustellen.

Blockaden des Dialogs

Der erste Schritt für solch eine Herangehensweise besteht darin, Blockaden des Dialogs zu erkennen und nachhaltig abzubauen. Dr. George Kohlrießer, unter anderem Verhandler für Polizeien bei Geiselnahmen, hat Anfang der 1980er gängige Blockaden als Symptome für bindungsgestörte Kommunikation herausgearbeitet. Mit nachstehender Reflektion hast du die Möglichkeit, für die nächsten Tage die gängigen Blockaden in deinem Umfeld zu analysieren und diese ggf. aufzulösen. Richte deinen Blick unter anderem auf die Frage, welche Themen ständig vermieden werden, sei es in Gesprächen, Jour-fixen und ähnlichen Kommunikationsfeldern.

Es gilt, vermutete oder offen formulierte Blockaden festzustellen und aufzulösen:

Mit welchen Blockaden hast du es im Alltag am häufigsten zu tun?

Blockade	Skalierung 0 (niemals) – 10 (absolut)
Passivität	0 ⟵⟶ 10
Abwerten (Discounting)	0 ⟵⟶ 10
Umdeuten (Redefinitionen)	0 ⟵⟶ 10
Übermäßiges Emotionalisieren	0 ⟵⟶ 10
Übermäßiges Detaillieren	0 ⟵⟶ 10
Übermäßiges Rationalisieren	0 ⟵⟶ 10
Übermäßiges Generalisieren	0 ⟵⟶ 10
Mangel an Direktheit	0 ⟵⟶ 10
Mangel an Aufrichtigkeit	0 ⟵⟶ 10

Reflektion: Blockaden des Dialogs

Viele Seminarteilnehmer bringen diese Blockaden auf ein gerahmtes DIN-A3-Papier und visualisieren damit im Büro und/oder in Sitzungsräumen den aktuellen Status.

Du siehst, es macht sogar Spaß, den **Gefühlsstau** aufzulösen. Natürlich ist es hierbei auch förderlich, Trauerprozesse gerade auch im Anwendungsfeld Organisation transparent zu machen. Nachstehende Stufen beschreiben den Trauerprozess und können den Beteiligten Orientierung geben:

Phasen des Loslassens

Phasen
1. Protest
2. Wut
3. Trauer
4. Panik, Angst, Irritation
5. Rationales Begreifen
6. Emotionales Begreifen
7. Versöhnt sein, neugierig auf das, was kommt.

Abbildung: Phasen des Loslassens

Natürlich bedarf es hin und wieder einer gehörigen Portion Mut, die Phasen 1 bis 6 zu kommunizieren, genial ist hierbei das Ziel der Phase 7. Sobald du ein Klima der Neugier auf das, was kommt erlebst, hast du das begeisternde Bonding für das Hier und Jetzt gesichert und du erlebst zunehmend effektive Entscheider. Diese:
• sind in hohem Maße tolerant,
• setzen durchgängig Prioritäten,
• initiieren mit Neugierde und Spaß Kommunikation der Tabu-Themen und
• sind bereit, emotional als auch monetär zu investieren.

Vertiefende Beobachtungsfelder für bindungsorientierte Arbeit

Ein weiteres Werkzeug für das Auflösen von Gefühlstaubheit besteht darin, betriebswirtschaftliche und psychologische Fragen zu vernetzen, Problemdenken zu vermeiden und lösungsorientiert mit Wirkung zu handeln. Hier ein Beispiel für eine solche Vernetzungsarbeit:

Analysebogen zu Erneuerungsprozessen

1. Beobachtungsfelder Ökonomie			
1.1. Leitbild, Ziele, Strategie und Geschäftsprozesse			
Ziffer	**Beobachtungsthema**	**ja**	**teilweise**	**nein**
1.1.1.	Existiert für deinen Bereich ein ausformuliertes Leitbild?	○	○	○
1.1.2.	Hat das Leitbild Auswirkungen auf das konkrete Handeln der Organisation?	○	○	○
1.1.3.	Werden vom Management konkrete und verständliche Zielsetzungen für die einzelnen Bereiche formuliert?	○	○	○
1.1.4.	Sind allen Führungskräften und Mitarbeitern diese Zielsetzungen bekannt?	○	○	○
1.1.5.	Werden die einzelnen Zielsetzungen in die einzelnen Arbeitsbereiche umgesetzt?	○	○	○
1.1.6.	Wird eher mit Zielvereinbarungen gearbeitet?	○	○	○
1.1.7.	Bestehen schriftliche Arbeitsanweisungen für komplizierte und wichtige Arbeitsabläufe?	○	○	○
1.1.8.	Gibt es Blockierer, die Informationsabläufe lediglich zur Kenntnis nehmen und weiterreichen, Wirkung vermeiden?	○	○	○
1.1.9.	Sind die Unterschriftsbefugnisse zum Vorteil eines effizienten Korrespondenzwesens geregelt?	○	○	○
1.1.10.	Gibt es für relevante Prozesse Durchlaufzeitanalysen?	○	○	○
1.1.11.	Sind die Mitarbeiter in die Prozessoptimierung mit eingebunden?	○	○	○
1.1.12.	Werden die bearbeitenden Vorgänge in gewissen Abständen erfasst und gezählt?	○	○	○
1.1.13.	Wird ein Ziel-Controlling durchgeführt?	○	○	○
1.1.14.	Kannst du dich mit deinen Vorschlägen durchsetzen?	○	○	○
1.2. Kosten- und Finanzstruktur, Controlling			
Ziffer	**Beobachtungsthema**	**ja**	**teilweise**	**nein**
1.2.1.	Wird eine Vollkostenrechnung durchgeführt?	○	○	○
1.2.2.	Wird eine Teilkostenrechnung durchgeführt?	○	○	○
1.2.3.	Wird eine Plankostenrechnung durchgeführt?	○	○	○
1.2.4.	Wird eine Deckungsbeitragsrechnung durchgeführt?	○	○	○

Tabellenfortsetzung siehe nächste Seite

1.2.5.	Bestehen budgetorientierte Verantwortlichkeiten?	○	○	○
1.2.6.	Kennst du die Gesamtkosten des Ressorts p.a.?	○	○	○
1.2.7.	Kennst du die Personalkosten in deinem Bereich p.a.?	○	○	○
1.2.8.	Kennst du die Kosten im IT-Bereich p. a.?	○	○	○
1.2.9.	Wurde in der Vergangenheit schon eine Bestandsaufnahme hinsichtlich der Aufbau- und Ablauforganisation vorgenommen?	○	○	○
1.2.10.	Werden Kosten in Entscheidungen einbezogen?	○	○	○
1.2.11.	Sind Kriterien zur Verfolgung der Kostenentwicklung vorgegeben?	○	○	○
1.2.12.	Sind vorhandene Berichte und Statistiken mit IT-Unterstützung auswertbar?	○	○	○
1.2.13.	Sind in den letzten 5 Jahren Rationalisierungsvorhaben gestartet worden?	○	○	○

1.3. Marketing und Öffentlichkeitsarbeit

Ziffer	Beobachtungsthema	ja	teilweise	nein
1.3.1.	Hat die Organisation nach außen erkennbare Merkmale (z. B. Logo, Farben, Slogans etc.)?	○	○	○
1.3.2.	Erlebt der Kunde das beobachtbare Verhalten der Mitarbeiter und Führungskräfte so wie es in Prospekten, Imagebroschüren etc. dargestellt ist?	○	○	○
1.3.3.	Wird über Kunden, Klienten und Geschäftspartner positiv gesprochen?	○	○	○
1.3.4.	Geht man aktiv mit Störungen am Markt um?	○	○	○
1.3.5.	Wird bei Störungen am Markt schnell reagiert?	○	○	○
1.3.6.	Sind die Kunden und Geschäftspartner mit der Erreichbarkeit der Mitarbeiter und Führungskräfte zufrieden?	○	○	○
1.3.7.	Gibt es Optimierungskonzepte für die Beschleunigung der Durchlaufgeschwindigkeit?	○	○	○
1.3.8.	Gibt es ein klares Verfahren für das Beschwerdemanagement?	○	○	○
1.3.9.	Werden Erfolge am Markt regelmäßig kommuniziert?	○	○	○
1.3.10.	Gibt es Effizienzvergleiche mit ähnlichen Organisationen?	○	○	○
1.3.11.	Werden regelmäßig Testkäufe bei ähnlichen Organisationen durchgeführt?	○	○	○
1.3.12.	Werden Kunden in Optimierungsprojekte einbezogen?	○	○	○

Tabellenfortsetzung siehe nächste Seite

Beobachtungsfelder Personal- und Organisationsberatung				
2.1. Organisation				
Ziffer	Beobachtungsthema	ja	teilweise	nein
2.1.1.	Gibt es ein gültiges Organigramm?	O	O	O
2.1.2.	Bildet dieses Organigramm die Wirklichkeit ab?	O	O	O
2.1.3.	Liegen aktuelle Stellenbeschreibungen vor?	O	O	O
2.1.4.	Sind dir klare Aufgabenbeschreibungen wichtig?	O	O	O
2.1.5.	Sind die Erwartungen des Managements und des Betriebsrats an die Führungskräfte klar kommuniziert?	**Handlungsbedarf?**		
2.1.6.	Wird Kontrolle ausgeübt?	**Handlungsbedarf?**		
2.1.7.	Auf wessen Erwartungen (funktionsbezogen) hört man, auf wessen hört man nicht?	**Handlungsbedarf?**		
2.1.8.	Zwischen welchen Stellen/Abteilungen läuft die Koordination/Informationsweitergabe reibungslos und wo schwerfällig?	**Handlungsbedarf?**		
2.1.9.	Welche Unternehmensgeschichten werden in geselligen Runden am häufigsten erzählt?	**Bitte in Stichworten:**		
2.1.10.	Wie muss man sich in der Organisation verhalten und wie nicht, um weiterzukommen?	**Bitte in Stichworten:**		
2.1.11.	Wie viel Zeit zum Überleben geben die Mitarbeiter der Organisation?	**Bitte in Stichworten:**		
2.1.12.	Wo fallen wichtige Entscheidungen? Wie und wann fallen sie?	**Bitte in Stichworten:**		
2.2. Management und Führung				
Ziffer	Beobachtungsthema			
2.2.1.	Welche Aufgaben verrichten die Führungskräfte, die anders sind als die der Mitarbeiter?	**Bitte in Stichworten:**		

Tabellenfortsetzung siehe nächste Seite

2.2.2.	Wie sprechen die Mitarbeiter über ihre Führungs-kräfte?	Bitte in Stichworten:
2.2.3.	Welche Ereignisse werden berichtet, in denen sich zeigt, wie insgesamt Führung praktiziert wird?	Bitte in Stichworten:
2.2.4.	Was wäre, wenn es keine Führung gäbe? Fiele das auf, wem fiele das auf, was würde in der Organisation geschehen?	Bitte in Stichworten:
2.2.5.	Welche ungeschriebenen Regeln gibt es in der Or-ganisation? Was ist erlaubt, was nicht? Wer darf was und wer darf was nicht?	Bitte in Stichworten:
2.2.6.	In welchen Situationen wird Führung aus Sicht der Mitarbeiter vermisst?	Bitte in Stichworten:
2.2.7.	Was ist für dich im Bereich Führung und Manage-ment noch von besonderer Bedeutung?	Bitte in Stichworten:

2.3. Personalentwicklung

Ziffer	Beobachtungsthema	ja	teilweise	nein
2.3.1.	Existiert ein Personal- und Karriereentwicklungsplan?	○	○	○
2.3.2.	Gibt es eine Weiterbildungskonzeption?	○	○	○
2.3.3.	Haben die Mitarbeiter Perspektiven hinsichtlich ihrer Entwicklung?	○	○	○
2.3.4.	Kennst du die für die Weiterbildung aufgewandten Mann/Frau-Tage im letzten Jahr?	○	○	○
2.3.5.	Kennst du die spezifischen, noch nicht genutzten Ressourcen deiner Mitarbeiter?	○	○	○
2.3.6.	Sind der Organisation deine spezifischen, noch nicht genutzten Ressourcen und Potenziale bekannt?	○	○	○
2.3.7.	Kennst du den Krankenstand in den einzelnen Teams?	○	○	○
2.3.8.	Werden regelmäßig Personalfördergespräche durch-geführt?	○	○	○
2.3.9.	Gibt es Regeln für die Personalauswahl?	○	○	○
2.3.10.	Gibt es Regeln für die Personalberatung?	○	○	○
2.3.11.	Gibt es Regeln für die Stellenbesetzung?	○	○	○
2.3.12.	Gibt es regelmäßig Besprechungen?	○	○	○

Tabellenfortsetzung siehe nächste Seite

2.3.13.	Ist der Betriebs- bzw. Personalrat bei den Mitarbeitern gut angesehen?	○	○	○
2.3.14.	Existieren markt- und kostenorientierte Aufgabenbeschreibungen für die jeweiligen Stellen?	○	○	○
2.3.15.	Gibt es Einarbeitungskonzepte für neue Mitarbeiter?	○	○	○
2.3.16.	Gibt es das Förderinstrument Job-Rotation?	○	○	○
2.3.17.	Gibt es das Förderinstrument Job-Coaching?	○	○	○
2.3.18.	Gibt es das Förderinstrument Job-Enrichment?	○	○	○

Beobachtungsfeld Technologie

3.1. Informationsflüsse

Ziffer	Beobachtungsthema	ja	teilweise	nein
3.1.1.	Gibt es Regelungen für die Benutzung der kostengünstigsten Kommunikationsmittel (was wird händisch dokumentiert, was wird IT-gestützt weitergeben)?	○	○	○
3.1.2.	Gibt es Regelungen für die Benutzung der kostengünstigsten Kommunikationswege (Briefpost, Fax, Telefon, Intranet, E-Mail etc.)?	○	○	○
3.1.3.	Gibt es Regelungen für die IT-gestützte Kommunikation ausserhalb regulärer Arbeitszeiten?	○	○	○
3.1.4.	Erhalten die Mitarbeiter die zur Durchführung ihrer Aufgaben notwendigen Informationen in zeitgemäßer Form?	○	○	○

3.2. Informationssysteme

Ziffer	Beobachtungsthema	ja	teilweise	nein
3.2.1.	Verfügst du über eine vollkommene Vernetzung?	○	○	○
3.2.2.	Verfügst du über einen Internetzugang?	○	○	○
3.2.3.	Verfügst du über ein E-Mail-System?	○	○	○
3.2.4.	Verfügst du über einen elektronischen Terminplaner?	○	○	○
3.2.5.	Verfügen du über eine IT-gestützte Vorgangsbearbeitung, wie Eingangsscanning, Registratur/Archivierung etc.	○	○	○
3.2.6	Arbeitest du mit einem Ticket System?	○	○	○
3.2.7.	Welche sonstigen IT-Mittel stehen dir zu Verfügung?	**Bitte in Stichworten:**		
3.2.8.	Was stört allgemein aus deiner Sicht den betriebsinternen Kommunikationsweg?	**Bitte in Stichworten:**		

Reflektion: Unternehmensanalyse

Raus aus dem Überlebensmodus

Welches Rüstzeug wird für das schmerz- und risikoorientierte Abwettern in diesen zunehmend unsicheren Zeiten benötigt? Es gilt im Alltag nicht in einen Überlebensmodus zu verfallen, sondern mit **Fröhlichkeit** und **Neugierde** sich auf Neues einzulassen. Hier geht es um das gezielte Gestalten von Zeit gemäß dem Motto:
- Bring es auf den Tisch.
- Rede darüber und
- tüte es ein.

Eric Berne formulierte es so: **„Das ewige Problem menschlicher Lebewesen besteht darin, wache Stunden zu gestalten."** Hierfür brachte er Begriffe wie Hungerarten und die Formen der Zeitstrukturierung für kritische Lebensphasen ein.

Dramen der Prognosen, grundiert in katastrophisierendem Denken

Lohnen sich eingeschränkte Prognosen und Diskussionen um „post-covid-19"? Was ging in der Gesamtschau der täglichen Stimulanzen Insgesamt in die Brüche? Welche **sicheren Basen**, privat wie beruflich, existieren schlicht und einfach nicht mehr? Sind für immer verloren? Für Familienangehörige, Nachbarn, Vereinskameraden, Kolleginnen und Kollegen? Das Bedürfnis der Dazugehörigkeit, Teil:
- eines Dorfes, einer Stadt,
- eines Landes,
- einer Organisation etc.

zu sein, ist in Masse im Reich der Vergangenheit, vielfach in **Depression** versandet. Sky, Netflix und sonstige Konsorten übernehmen den Rest der **Hungerdiät**.

Nun habe ich die Freude mit meinen Klienten und Kollegen auf internationalen Ebenen neben Präsenzterminen und digitalisierten Formen der Kommunikation Ansätze zu diskutieren. Wir geben uns gegenseitig der Neugier hin, Lösungsansätze für krasse Fragestellungen und Beobachtungen zu gestalten.

Was ist nun krass? Gilt auch augenscheinlich Banales?

Ich meine schon. Zu Beginn des Lockdowns war ich mit einer Seminargruppe im Schwarzwald zugange. Einer der Klienten erhielt nachmittags eine Whatsapp-Nachricht von seiner Frau. Sie beinhaltete ein Bild über leergeräumte Regale eines Drogeriemarktes. Als Europäer brachte ich die Frage ein: „Wie kann es sein, dass Deutsche und Nordamerikaner in den ersten Reaktionen auf den Lockdown die Läden hamsterten, insbesondere die Klopa-pier-, Desinfektionsmittel- und Mehlregale über Wochen leerten, hingegen die Franzosen und Italiener sich mit Präservativen und Rotwein eindeckten? In **transgenerationaler Be-trachtung** (Eltern/Großeltern, häufig über WK2 traumatisiert) konnte in früheren Zeiten nicht von funktionierenden Versorgungsketten gesprochen werden. Vom Gesundheits-wesen bis hin zur Basisversorgung mit Gütern lag alles brach.

Wie erklärt sich nun solch ein nahezu panisches Verhalten? Schnell kamen wir in der reich-haltigen Werkzeugkiste TA auf die Bern'schen Ansätze der **drei Hungerarten** sowie die **sechs Arten der Zeitstrukturierung**. Das heißt, lieber eine Megapackung Klopapier in der Hand zu halten als kampflos das Feld zu räumen, die Zeit eben effektiv nutzen. Die Wirkung sei dahingestellt.

Nun fragst du vielleicht, was haben die Begriffe **Hunger und Zeitstrukturierung** mit den aktuellen Themen, insbesondere dem Lockdown zu tun? Die besten Antworten wirst du dir selbst geben können in den Feldern:
• Was war in deinem Alltag vor dem Lockdown anders als heute?
• Was ist unwiederbringlich in diesem Kontext nicht mehr herstellbar in naher und ferner Zukunft?
• Welche Veränderungen erlebe ich in Begegnungen privater wie beruflicher Natur?
• Welche Veränderungen in meiner Zeitgestaltung nutzen mir, welche schaden?
• Und zu guter Letzt: Wer in deinem nahen Umfeld jammert ständig über das faktisch Verlorene?

Waren noch bis zum 1. Quartal 2020 Arbeitsformen wie **homeoffice/mobile-working** eine heilige Kuh für Arbeitgeber und exponierte Mitarbeiter, ist es heute eine millionen-fache Normalität.

Neben den massiven Vorteilen wie dem Wegfall stauorientierter Anfahrtswege, dem Hin-bemühen zu weit entfernten Meeting-Orten etc. gingen so oder so für Millionen **sichere Basen** in ihren seither gewohnten Arbeitsformen und damit Strukturen verloren. Manche Manager berichten mir: „Mamamia, erst jetzt habe ich erkannt, wieviel Zeit und Entfer-nung zu meinen Liebsten ich mit unnötiger Anreisezeit zu noch unnötigeren Meetings bis dato verbracht habe. Da fahre ich doch gerne im Rahmen von workplace-sharing mit einem Lidl-Einkaufswagen meine Arbeits-Utensilien in das jeweilig mir für den Präsenz-tag zu gewiesene Büro. Andere trauern um den Verlust des eigenen Arbeitsraumes."

Allerdings: Während die Einen in schönem Haus mit Garten sitzen, treffen wir in Masse Andere, die in eingegrenztem Wohnraum ohne Garten und größere Baumarktbesuche ihre Zeit gestalten müssen.

Beiden ist die Entraumung der Arbeit gemeinsam fremd. Sicher erledigen die letzteren vielfach die Arbeit am Küchentisch. Für beide Gruppen gilt, nebenbei die Kinder zu beschulen und Partner „aushalten" zu müssen, mit denen der **Honeymoon** schon seit Jahren nicht mehr kräftigend inspiriert. Zunahme der **häuslichen Gewalt** expandiert ebenso wie Suizid.

Bevor ich nun unsere möglichen Lösungsansätze im Detail vorstelle, erinnere ich mit Genuß an den großartigen Humoristen und Filmemacher Loriot. Sein Werk **Papa ante Portas** (1991) ist aktueller denn je. Insbesondere der kleine Ausschnitt: **„Was machst du hier?" „Na ich wohne hier!" „Aber doch nicht den ganzen Tag!"** ist für manche mittlerweile bittere Wirklichkeit. Also, los geht's:

Die drei Hungerarten

Strokes (Zuwendung) anderen geben und von anderen annehmen wirkt unmittelbar auf dein persönliches **Zuwendungskonto (Selbstwertgefühl)**, sprich deinen **Strokehaushalt**. Wo bist du satt, wo machen unerfüllte Bedürfnisse hungrig? Wie steht es um deinen Hunger nach:

- Stimulanz (körperliche und geistige Anreize),
- Anerkennung (bedingungslos und bedingt) sowie
- Struktur (Vermeidung von Langeweile).

Die unbefriedigten Hunger sind deine Triebfedern im Umgang mit deiner Zeit. Du kannst sie durch Antworten für die nachstehenden Fragen erkennen:
1. Wie **stimuliere** ich andere, mir zuwendungsorientiertes Feedback in den Feldern Anerkennung und Kritik zu geben?
2. Wie **blockiere** ich zuwendungsorientiertes Feedback?
3. Wie und in welcher Form verteile ich **positive Strokes**?
4. Fördere ich wirkungsorientierte **Lösungen**?

Doch Vorsicht, so manche bleiben in ihrer skriptgebunden „Hungerdiät" hängen. Sie nutzen ihre Zeit nicht situationsgerecht. Was ist denn nun eine passende Zeitverwendung, um den unbefriedigten Hunger zu stillen? Welche Möglichkeiten und Formen der Zeitgestaltung gibt es? In der TA sprechen wir von den

Sechs Formen der Zeitstrukturierung

1. Rückzug

In der Begegnung mit anderen (meetings, Seminare etc.) zwar physisch anwesend, im Erwachsenen-Ich nicht fokussiert auf das Hier und Jetzt. Gedankenflucht in Vergangenheit oder Zukunft. Wenn überhaupt wird eher verloren zugestimmt, eine aktive Beteiligung wird blockiert. Häufig liegt eine **lauwarme Frustration** zugrunde, die schon rein aus mangelndem Wissen über mögliche Auflösungsoptionen mit allen Mitteln gepflegt wird. Es können aber auch positive Aspekte bei der Isolation gesehen werden, z. B. der Rückzug in einem tiefen Trauerprozess, das Akzeptieren einer harten Gesundheitsstörung etc.

2. Rituale und Zeremonien

Diese sind alltäglich in milden Formen anzutreffen, z. B.: „Guten Tag, wie geht's?" „Danke, gut". Stimulierende Überraschungen kommen nicht vor. Die persönliche Anteilnahme ist oft gering. Im Gegenteil: Solltest du dem Zeremonienmeister für seine Darstellung tieferes Interesse zeigen, gar die eine oder andere Aussage hinterfragen, wird dieser höchst verwundert reagieren. Die Beispiele komplizierterer Formen sind sowohl das genüssliche Abwerten nicht anwesender Dritter („Die in der Region verstehen einfach unsere Konzepte nicht…", „Was sind das in der Zentrale doch bloß für inkompetente Theoretiker!") als auch gesellschaftliche Rituale wie Taufen, Hochzeiten, Einschulungen etc.

3. Zeitvertreib

Hier gehen wir in unverbindliche Unterhaltungen, z. B.: **Partygespräche**, Neuestes auf dem Automarkt, geniales Wetter heute etc. Die Unterhaltung läuft zweckfrei.

4. Aktivität

In aller Regel eine gemeinsam ausgeübte, sinnvolle und wirkungsorientierte Tätigkeit, handwerkliche oder geistige Betätigung, insbesondere beruflich oder auch privat (Hobbies, Engagement in sozialer Arbeit etc.). Ein absoluter Favorit für secure base Manager. Sie begleiten andere aktiv in der Schmerz- und Risikobewältigung.

5. Spiele

Immer dann, wenn du und/oder andere ein eigensüchtiges verdecktes Motiv mit einbringen, sprechen wir von einem **Spiel**, welches neben den **Ködern** einen unvermuteten Rollenwechsel und einen **Spielgewinn** produziert. Das tiefere Ziel ist die negative Selbst- bzw. Fremdabwertung. Die Beteiligten agieren aus unterschiedlichen Rollen: die der **Retter** (was muss ich hier und jetzt tun, damit der andere sich besser fühlt, denn nur so komme ich auch gut über die Runden), die der **Opfer** (der andere will mich ja doch nur blamieren, helfen kann mir ja eh keiner) und die der **Verfolger** (unglaublich, wie das passieren konnte). Und Vorsicht: mancher Zeitvertreib endet in einem **harten Spiel**.

6. Intimität und Nähe

Soweit die Begegnung von tiefem Bonding, sprich aufrichtig, direkt, umdeutungs- und abwertungsfrei verläuft, genießen wir die **wertvollste Art, die Zeit zu verbringen**. Manche vermeiden Nähe aus der Angst heraus, verletzt zu werden. Wichtig ist, dass die ausgedrückten Gefühle situationsgerecht wirken. In dieser Zeitform:

- träumen wir die Möglichkeiten,
- treffen wir Entscheidungen,
- sind wir bereit, den Preis zu zahlen,
- engagieren und verpflichten wir uns,
- schmieden wir Pläne,
- holen wir uns Unterstützung,
- nützen wir Modelle,
- tun wir es, auch in kleinen Schritten,
- fordern wir aktiv feedback ein und
- freuen uns und feiern!

Die Reihenfolge bzw. die Intensität der hier beschriebenen **Zeitstrukturierungs-Formen** richtet sich zunächst nach dem Ausmaß der Zuwendung, die du in der jeweiligen Form vermutest. Sei es auf der Ebene deiner Intuition oder deiner Erfahrung. In einem feedbackarmen Umfeld, erst recht in Teams mit einem geringen Reifegrad, sind die unter 1. bis 3. beschrieben Formen am stärksten auffällig.

Auch ist von Bedeutung, in welchen Formen das Risiko der seelischen Verletzung am stärksten vermutet wird. Meistens treffen wir das in der Stufe 4. und 6. an. Die Stufe 5. ist davon abhängig, inwieweit wir bereit zur Eigen- und Fremdschädigung sind bzw. ob wir die Fähigkeit besitzen, rechtzeitig aus den Spielen auszusteigen bzw. es durch entsprechende Selbstorganisation es erst gar nicht dazu kommen zu lassen.

Im Schaubild können folgende Kombinationen dargestellt werden:

Zeitstruktur und unbefriedigte Bedürfnisse im Verhältnis zu den Risiken

Zeitstruktur	Bedürfnis: Stimulus, Anerkennung, Struktur	Risiko der Ausgrenzung
Rückzug	geringe Strokemenge, es sei denn, ich stroke mich selbst	gering
Rituale	Stimulus gering, Anerkennung und Struktur eher hoch, abhängig vom Reifegrad des und/oder der Gegenüber	gering, soweit ich nicht aus der Rolle falle
Zeitvertreib	hohe Möglichkeit für alle drei Strokearten	gering
Aktivitäten wirkungsorientiert	zunächst geringe Strokemengen, danach hoch	mittel bis hoch
Spiele	massive Strokes, aber: ungute	hoch
Intimität	massiv positiv bei allen drei Strokearten	gering

Secure base leadership, raus aus der Geiselhaft und Ohnmachtsfalle via aktiver Zeitgestaltung

In welchen Feldern unterdrückst du deinen Hunger? Hast dich quasi auf **Lebensqualitäts-mangel** und **Hunger-Diät** gesetzt? Welchen Personen, Situationen in Teams und Netzwerken etc. stellst du dich selbst permanent als Geisel ohnmächtig zur Verfügung? Wie lässt du deine Emotionen von den Emotionen anderer beeinflussen?

Starte zunächst deine Selbstreflektion Ist-Analyse. Fokussiere hier das für dich momentan bedrückenste Beobachtungsfeld (Sitzung, Telefonkonferenz, privates Umfeld etc.) und skaliere nach der Wertigkeit 1 (gar nicht) bis 10 (total) und eben irgendwas dazwischen. Damit steht deine reflektierte Ist-Analyse.

Und jetzt geht es darum, deine Sehnsucht und deine unbefriedigten Bedürfnisse zu erfüllen, indem du die Spalte mein Change, sprich Veränderungsziel mit der vollen power des **freien Kindes** betrachtest. Lass es sprudeln, mach dir hier noch keine Gedanken um die Maßnahmen. Überlasse das dem nächstfolgenden Schritt.

Konzentriere dich ausschließlich auf die Zeitstruktur, die zu dir in der fokussierten Situation am besten passt und du als Ende der **Hungerdiät** genießen wirst. In der Skalierung gilt die gleiche Wertigkeit wie in der Ist-Analyse beschrieben.

Das Ende der Hungerdiät einleiten

Zeitstruktur	Selbstreflektion Ist-Analyse	Mein Change, sprich Veränderungsziel
Rückzug	0 ◄─────► 10	0 ◄─────► 10
Rituale	0 ◄─────► 10	0 ◄─────► 10
Zeitvertreib	0 ◄─────► 10	0 ◄─────► 10
Aktivitäten wirkungsorientiert	0 ◄─────► 10	0 ◄─────► 10
Spiele	0 ◄─────► 10	0 ◄─────► 10
Intimität	0 ◄─────► 10	0 ◄─────► 10

Und, wie fühlt sich dein von dir entdeckter **Change** an? Neugierig? Bist du bereit für Schmerz und Risiko, welcher mit dem Wandel einhergeht? Übrigens meine ich hier nicht nur deinen Schmerz, dein Risiko, es geht auch um das aushalten können von Schmerz und Risiko in der Einschätzung anderer. Letztlich geht es um den Ausstieg aus Spielen. Bevor du dir die für die Umsetzung erforderlichen Maßnahmen überlegst, die entsprechenden Situationen visualisierst, empfehle ich dir einen Slogan: **Lauwarm Frustrierten** gelingt kein Change.

Also vorab die

Kläranlage für Diätausstieg in 5 Schritten

1. Sehnsucht und Erwartung (exponiert auf Nähe/Distanz) fokussieren,
2. Verbote verletzen, Risiko, sich selbst zu ermächtigen, fröhlich eskalieren,
3. **put the fish on the table**, aufrichtig direkte Kommunikation praktizieren,
4. Macht suchen und verstärken,
5. Ambivalenz (intrapersonalen Dialog zwischen **freiem Kind** (eigenem Wünschen und Wollen) und nicht angemessenen Verboten (strengem Eltern-Ich) überwinden.

Und nun zum Plan.

Handlungsmatrix

Zeitstruktur	Maßnahmen für Change und Veränderungsziel 1. Ziel 2. Woran merken andere, was ich da gerade verändere? 3. Wer hat davon Nutzen? 4. Wer einen Nachteil? 5. Wem schenke ich die Macht zu bewirken, dass ich diesen Plan torpediere? 6. Meine Maßnahmen 7. Mein Nutzen 8. Mit wem feiere ich meinen Erfolg	Wer leistet Widerstand? Wie wird der konkret eingebracht? 1. Name 2. Direkte Angriffe auf mich und mein Konzept 3. Mein Nutzen beim Unterlaufen von Widerstand
Rückzug		
Rituale		
Zeitvertreib		
Aktivitäten wirkungsorientiert		
Spiele		
Intimität		

Wie eingangs erwähnt, verorten sich Manche nach dem Start des Lockdowns in privilegierten Situationen, andere haben hierfür wenig Chancen. Unterteilt man nun diesen gigantischen Wandel im Alltagserleben in die Zeit:

- vor dem Lockdown,
- während des Lockdowns sowie
- irgendwie diffus dazwischen,

kann es spannend sein, in eine Selbst- und/oder Fremdanalyse der eventuellen Neuverteilung der Energien zu gehen. Betrachten wir die jeweiligen Anteile der **Ich-Zustände** in den beschriebenen Zeitabschnitten, heißt es allemal auf guttuende Energiequellen zu verzichten wie:

- eingeschränkte bis hin zu nicht vorhandenen Möglichkeiten, Hobbies auszuüben,
- Freunde und Verwandte zu besuchen,
- Urlaube planen und durchführen etc.

Auch werden Veränderungen erlebt im Spannungsbogen der physischen Präsenz versus deren Distanz. Sei es in der Familie oder im Beruf. Reicht beispielsweise eine Gratulation der Großeltern via Skype oder Zoom zur Gratulation beim Geburtstag des Enkels? Welche **Hunger** bleiben bei einer digitalen Konferenz oder auch einer Telefonkonferenz anstelle der physischen Anwesenheit bei Meetings unbefriedigt? Welche **Ich-Zustände** können nur eingeschränkt gelebt werden? Eine Messbarkeit ergibt sich aus einer graphischen Darstellung nach Dusay (1977). Er entwickelte seinerzeit das Egogramm.

Verändertes Egogramm in Zeiten von COVID-19

Nach Dusay ist das Egogramm eine graphische Darstellung, die zeigt, wie häufig und intensiv wir die verschiedenen Ich – Zustände im Alltag zulassen. Und vorab: Soweit du bei den nachstehenden Fragen das „Ich" in ein „Wir" verwandelst, hast du zugleich eine hervorragende Analysemöglichkeit für dein jeweiliges Team.

Zu den folgenden Aussagen solltest du so offen wie möglich Stellung nehmen. Bei denjenigen Aussagen, die du eher befürwortest, kreist DU das „+" ein; bei solchen, wo du eher dagegen als dafür bist, das „-". Die Bedeutung des „*" im Fragebogen wird später erklärt, du brauchst es vorläufig nicht beachten.

Ziffer	Inhalt Skala 1	Bewertung	
1.	Ich kann gut zuhören.	(+)	-
2. *	Ich neige dazu, in Gruppen der Tonangebende sein zu wollen.	+	(-)
3. *	Es scheint, dass ich anderen sehr bald widerspreche.	(+)	-
4.	Ich stehe eher auf der Seite der Schwächeren.	+	(-)
5.	Ohne Fleiß keinen Preis.	(+)	-
6. *	Wenn ich bei einer Auseinandersetzung in die Enge getrieben werde, neige ich dazu, ärgerlich zu reagieren.	(+)	-
7.	Den Satz „Jede wahre Liebe ist auf Achtung begründet" finde ich zutreffend.	(+)	-
8. *	Man kann tun was man will, den Charakter/die Persönlichkeit eines Menschen kann man nicht verändern.	(+)	-
9. *	Ich neige dazu, in verworrenen oder verfahrenen Situationen die Führung zu übernehmen.	(+)	-
10.	Es fällt mir leicht, andere zu trösten.	+	(-)
11. *	Öfter als ich möchte, suche ich Fehler bei anderen.	(+)	-
12.	Die meisten Menschen wollen geführt werden.	+	(-)
13.	Ich halte jene Berufe für die wertvollsten, in denen Menschen geholfen wird.	(+)	-
14.	Ich bin sehr verständnisvoll, wenn andere Probleme haben.	+	(-)
15. *	Ich habe feste Überzeugungen und ändere diese nicht so leicht.	(+)	-
16. *	Rassenvorurteile sind angebracht, um gemischte Heiraten zu verhindern.	+	(-)

Ziffer	Inhalt Skala 1	Bewertung	
17.	Eine wirkliche Änderung findet eigentlich nur dann statt, wenn eine starke Person eine Sache in die Hand nimmt und sie vorwärtsbringt.	+	(−)
18. *	Ich neige dazu, mich in meinem Leben, auf Tradition und Bewährtes zu verlassen.	+	(−)
19. *	Ich neige dazu, mich über Personen, die bewährte und anerkannte Denkweisen und Handlungen in Frage stellen, aufzuregen.	(+)	−
20. *	Minderheiten erhalten mehr Beachtung, als sie verdienen.	+	(−)
21. *	Die Aussage eines deutschen Politikers, „Wir können doch nicht jedem den Arsch vergolden", finde ich zutreffend.	+	(−)
22.	Den Gedanken, dass die Menschen human und menschlich sein sollen, finde ich richtig.	(+)	−
23.	Ich werde oft von anderen um Rat gefragt.	(+)	−
24. *	Ein Problem, das uns immer zu begleiten scheint, ist, dass es zu wenig Leute gibt, welche arbeiten und zu viele, die befehlen wollen.	(+)	−
25. *	Das Sprichwort „Was Hänschen nicht lernt, lernt Hans nimmermehr" finde ich zutreffend.	+	(−)
26. *	Vielen Leuten ist zu wenig klar, dass man besonders im Geschäftsleben sehr kämpferisch sein muss, um erfolgreich zu sein.	(+)	−
27.	Es ist doch so, dass Menschen gezwungen werden müssen, gewisse Dinge zu tun, die gut für sie sind.	+	(−)
28. *	Ich glaube, dass unsere Gesellschaft gesünder wäre, wenn Verstöße gegen die Gesetze strenger geahndet würden.	+	(−)
29. *	Ich bin der Meinung, dass die Frau ins Haus gehört.	+	(−)
30.	Es scheint, dass ich Mitmenschen mehr Vertrauen schenke als viele andere es tun.		(−)
31.	Es gibt Situationen, in denen es richtig ist, ein Kind zu seinem eigenen Wohl mit einer Tracht Prügel zu bestrafen.	+	(−)
32.	Das größte Missgeschick, das jemandem widerfahren kann ist, die Geduld zu verlieren.	(+)	−
33. *	Strenge Bestrafung von Verbrechern wäre geeignet, von Vergehen abzuschrecken.	+	(−)
34.	Wenn immer jemand Hilfe braucht, leiste ich sie ihm.	+	(−)
35. *	Eltern und Erzieher neigen heute dazu, allzu nachsichtig zu sein.	(+)	−
36.	Andere in ihrer Entwicklung zu unterstützen gibt mir eine große Befriedigung.	(+)	−
37. *	Die Berichterstattung der Medien (Fernsehen, Zeitungen) sollte besser kontrolliert werden.	+	(−)
38. *	Ich kann nicht begreifen, dass jemand Selbstmord begeht.	(+)	−
39.	Einer der Gründe, warum Werbung so erfolgreich ist, ist der Umstand, dass die Menschen es mögen, wenn ihnen gesagt wird, was sie zu kaufen haben.	+	(−)

Ziffer	Inhalt Skala 1	Bewertung	
40. *	Obschon es aus der Mode gekommen ist, sollte in der Schule wieder gebetet werden.	+	(−)
41.	Die patriotische Einstellung gegenüber dem eigenen Land wird immer wichtiger sein als das sogenannte „Weltbürgertum".	+	(−)
42. *	Die Leute sollten sich mit gewissen Grundsätzen von Moral, Recht und Unrecht mehr identifizieren.	(+)	-
43. *	Die Todesstrafe wird in der Welt nie ganz abgeschafft werden.	+	(−)
44.	Wenn ich sehe, dass jemand bei einer Arbeit Schwierigkeiten hat, nehme ich sie ihm gerne ab.	+	(−)
45. *	Wir benötigen eher mehr als weniger Medienzensur.	+	(−)
46. *	Ich bin der Ansicht, dass man gewisse Berufstraditionen in der Familie aufrechterhalten soll.	+	(−)
47. *	Eine starke Führungskraft braucht keine Mitbestimmung.	+	(−)
48.	In der Regel komme ich mit allen Leuten gut aus.	+	(−)
49. *	Ich bin der Meinung, dass Kinder ihren Eltern Respekt entgegenbringen müssen.	(+)	-
50.	Ich habe Mitleid mit Menschen, die sich in Schwierigkeiten befinden.	+	(−)
51.	Im Vergleich mit anderen mache ich eher mehr Überstunden.	+	(−)
52.	Ich neige dazu, mich der Meinung der Mehrheit anzuschließen.	+	(−)
53.	Ich habe früh gelernt, die Dinge nicht zu übertreiben und die Kirche im Dorf zu lassen.	(+)	-
54.	„Undank ist der Welten Lohn" habe ich schon oft erfahren müssen.	(+)	-
55.	Statt damit Zeit zu verlieren, jemanden etwas zu erklären, erledige ich es lieber selber.	(+)	-
56. *	Ich bin oft verblüfft zu sehen, wie blöd die Leute sind.	+	(−)
57. *	Journalisten sollten weniger frei in ihrer Meinungsäußerung sein.	+	(−)
58.	Viele Leute gehen fehl, weil sie Verantwortung ablehnen.	(+)	-
59.	Wenn man nicht zu viel von den Menschen erwartet, wird man auch nicht so leicht enttäuscht.	+	(−)
60.	Wenn sich jemand über mich ärgert, versuche ich, ihn zu besänftigen.	+	(−)

Ziffer	Inhalt Skala 2	Bewertung	
61.	Mir scheint, dass ich ein besserer Beobachter bin als viele andere Leute.	(+)	-
62.	Ich neige dazu einen kühlen Kopf zu bewahren, wenn andere aufgeben oder abschalten.	(+)	-
63.	Meine Eltern oder Erzieher hatten große Freude daran, wenn ich selbständig lernte und forschte.	+	(-)
64.	Ich sammle Informationen und plane, bevor ich handle.	(+)	-
65.	Ich erröte selten oder nie.	(+)	(-
66.	Es fällt mir leicht, in öffentlichen Veranstaltungen das Wort zu ergreifen.	+	(-)
67.	Ich weine selten oder nie.	+	(-)
68.	Ich bin risikofreudiger als die meisten mir Bekannten.	+	(-)
69.	Es macht mir nichts aus, allein zu sein.	(+)	-
70.	Meine Eltern oder Erzieher neigten dazu, den Gebrauch des Verstandes höher zu schätzen, als viele andere Leute.	(+)	-
71.	Ich bin fähig, eine gewisse wachsame Unvoreingenommenheit zu bewahren, wenn andere allzu erregt werden.	(+)	-
72.	Mehr als viele andere mir bekannte Leute ziehe ich problemlösendes Verhalten dem Feilschen und Kompromisse schließen vor.	(+)	-
73.	Es fällt mir leicht, meine Gefühle unter Kontrolle zu halten.	+	(-)
74.	Bei der Planung eines Objektes achte ich darauf, Leute, die zupacken, vorzuziehen.	(+)	-
75.	Ich habe feste Überzeugungen und verleihe ihnen auch Ausdruck, reagiere aber positiv auf vernünftige Gegenargumente, indem ich meine Meinung ändere.	(+)	-
76.	Obwohl andere zeitweise dazu neigen, zwischenmenschliche Konflikte zu unterdrücken, zu vertuschen oder durch Kompromisse beizulegen, versuche ich unter allen Umständen, die Ursachen herauszufinden.	+	(-)
77.	In Stress-Situationen bleibe ich ruhig.	(+)	-
78.	Es scheint mir, dass ich dazu neige, vor dem Fällen von Entscheidungen die Risiken abzuwägen.	(+)	-
79.	Mehr als viele andere mir bekannte Leute bemühe ich mich, Ideen, Meinungen und Haltungen zu suchen, die sich von meinen eigenen unterscheiden.	+	(-)
80.	Leute, die mit mir zusammenarbeiten, würden sagen, ich sei entscheidungsfreudig und entschlossen.	(+)	-
81.	Ich habe anderen schon oft den Fuß auf den Nacken gesetzt, damit sie eine wichtige Arbeit ausführen.	+	(-)
82.	Zwischenmenschliche Konflikte erledige ich im persönlichen Gespräch.	(+)	-
83.	Ich bin der Überzeugung, dass eine wirksame Führung die Mitarbeiter dazu anspornt, das Beste zu geben.	(+)	-
84.	Ich glaube, dass das, was andere Leute fühlen und denken, wichtig ist.	(+)	-

Ziffer	Inhalt Skala 2	Bewertung	
85.	Schon als Kind ermutigten mich meine Eltern, meine Ansichten auszusprechen, ohne Angst vor Strafe zu haben oder davor, mich lächerlich zu machen.	(+)	-
86.	Mich interessieren die Ereignisse aus Forschung und Wissenschaft.	(+)	-
87.	Es scheint, dass ich eher die Fähigkeit, selbständig und unabhängig zu denken, entwickelt habe, als mich den Gedanken anderer Leute anzupassen.	(+)	-
88.	Ich glaube, dass Menschen fähig sind, sich selbst zu führen und zu kontrollieren und damit sich selbst zu entwickeln.	(+)	-
89.	Die meisten Fehler entstehen eher wegen eines Missverständnisses als aus Nachlässigkeit.	(+)	-
90.	Irgendwie scheint es, dass ich gelernt habe, der Welt auf entspannte, zuversichtliche und positive Art entgegenzutreten.	+	(-)
91.	Ich bin aktives Mitglied von drei und mehr Vereinen und Organisationen.	(+)	(-)
92.	Offenheit und Ehrlichkeit anderen gegenüber lohnt sich in der Regel.	(+)	-
93.	Ich bin ein rationaler, logischer Denker.	(+)	-
94.	Ich bringe es fertig, nach außen ruhig zu bleiben, obwohl es in mir kocht.	(+)	-
95.	Ich besuche Kurse, Seminare, Vorträge usw. häufiger als die meisten mir bekannten Personen.	+	(-)
96.	Ich habe den Ruf, fair und objektiv zu sein.	+	(-)
97.	Ich pflege in der Regel von den anderen das zu bekommen, was ich haben möchte.	(+)	-
98.	Ich kann anderen Personen Dinge klar und deutlich erklären.	(+)	-
99.	Meine Erfolge im Leben beruhen auf der Tatsache, dass ich es verstehe, meine Gefühle zu verbergen.	+	(-)
100.	In einer Diskussion zählen meine Argumente oft zu den besten.	(+)	-
101.	Ich bin der Überzeugung, dass die Menschen grundsätzlich gut sind.	(+)	-
102.	Für mich ist es wichtig, so perfekt wie möglich zu sein.	+	(-)
103.	Ich lese täglich eine bis zwei Tageszeitungen.	+	(-)
104.	Ich habe eine ziemlich klare Vorstellung, wo ich in 10 Jahren beruflich und privat stehen möchte.	(+)	(-)

Ziffer	Inhalt Skala 3	Bewertung	
105. *	Obwohl es viele nicht wahrhaben wollen, glaube ich, dass die Gefühle bei 90 Prozent der lebenswichtigen Entscheidungen den Ausschlag geben.	(+)	-
106.	Es scheint, dass ich mich mehr als andere selbst bemitleide.	+	☺
107.	Wenn eine höherstehende Person die Verantwortung für eine schwerwiegende, zu treffende Entscheidung übernimmt, werde ich bei der Durchführung mithelfen, auch wenn ich davon nicht überzeugt bin.	(+)	-
108. *	Ich genieße es wirklich, sehr schnell Auto zu fahren.	(+)	-
109. *	Es kommt öfter vor, dass ich am hellen Tag ins Blaue hineinträume.	+	☺
110. *	Ich bin für Spontaneinkäufe sehr anfällig.	+	☺
111. *	Es bereitet mir Mühe, z. B. eine Abmagerungskur durchzustehen, das Rauchen aufzugeben usw.	(+)	-
112.	Ich habe nichts dagegen, der Ausführende zu sein, aber ich habe es gerne, wenn ein anderer dabei die Führung übernimmt.	+	☺
113. *	Ich gebrauche oft Ausdrücke wie „toll", „lässig", „irre", „höllisch" usw.	+	☺
114.	In einer gespannten Lage neige ich eher dazu, mich zurückzuziehen.	(+)	-
115.	Bescheidenheit ist eine Tugend, vielleicht die größte.	+	☺
116. *	Ich erzähle gerne Witze.	+	☺
117. *	Ich bin immer voll neuer Ideen.	(+)	-
118.	Ich habe keine Mühe, Anweisungen zu befolgen.	+	☺
119.	Meine Eltern oder Erzieher waren gute und freundliche Menschen.	(+)	-
120. *	Ich bin oft impulsiv.	(+)	-
121.	Eher stimme ich anderen zu, als dass ich mit ihnen hin und her diskutieren würde.	+	☺
122.	Ich bemühe mich sehr um die Anerkennung anderer.	+	☺
123.	Hier und da ertappe ich mich dabei, dass ich zu laut lache und spreche.	(+)	-
124.	Ich sage mir oft: „Es nützt ja doch nichts, sich hier zu engagieren".	+	☺
125.	Wenn mich jemand innerlich verletzt hat, sage ich in der Regel nichts davon.	+	☺
126. *	Es ist für mich schwer zu verstehen, warum so viele Leute das Leben so wichtig nehmen.	+	☺
127.	Oftmals äußere ich meine Ideen nicht, weil sie mir so wenig wichtig erscheinen.	(+)	-
128. *	Meine Eltern respektierten es, wenn ich meine Gefühle wie Wut, Angst, Trauer, Freude usw. voll ausdrückte. Sie ermutigten mich gar dazu.	+	☺
129.	Es scheint mir, dass ich nicht so oft, wie ich möchte, meinen Willen durchsetzen kann.	+	☺
130.	Ich ziehe es vor, eine Stellung mit wenig Verantwortung, Befugnis, Ansehen usw. anzunehmen.	+	☺
131.	Es kann sein, dass meine Eltern doch eher dazu neigen, mir Angst vor der Welt und den Menschen einzuflößen, als mir die Welt von der erfreulichen Seite zu zeigen.	+	☺

Ziffer	Inhalt Skala 3	Bewertung	
132.	Ich habe mehr Interessen, Liebhabereien usw. als die meisten Leute, die ich kenne.	+	☺
133.	Aus irgendeinem Grund kommt es oft vor, dass ich meistens den Kürzeren ziehe.	+	☺
134. *	An einem Freitagabend sitzt du mit ein paar Freunden zusammen und ihr trinkt einige Flaschen Wein. Plötzlich kommt einer auf die Idee, jetzt für zwei Tage nach Paris zu fahren. Fährst du mit?	+	☺
135. *	Ich neige viel eher dazu, phantasievolle als logische Lösungen anzustreben.	+	☺
136. *	Es gibt Momente, wo ich in Gegenwart anderer Leute weine, ohne mich zu schämen.	+	☺
137. *	Irgendwann habe ich gelernt, dem Sex, meinem Körper, der Intimität usw. gegenüber eine freudige Haltung einzunehmen.	⊕	-
138.	Man muss sich wichtigen Personen unterordnen.	+	☺
139. *	Es gibt Zeiten, in denen ich mir gerne außergewöhnliche Freuden und Vergnügungen gönne.	⊕	-
140.	In ungewohnten Situationen fühle ich mich sehr unbehaglich.	⊕	-
141. *	Ich befinde mich oft mitten in einem Problem und frage mich, wie ich da wohl wieder hineingeschlittert bin.	+	☺
142.	In vielen Situationen fühle ich mich einfach hilflos.	+	☺
143. *	Wenn ich etwas sage, ist es sehr wohl möglich, dass ich ins Fettnäpfchen trete.	⊕	-

Auswertung des Fragebogens

Der Fragebogen ist nach der Treffer-Wahrscheinlichkeits-Methode aufgebaut, deshalb werden nur die **+** bewertet. Zähle nun alle **+**, die du bei den Fragen 1 – 60 (Skala 1) eingekreist hast (1). Zähle dann in der Skala alle **+** bei den mit einem Stern versehenen Fragen. Dieser Wert misst den Anteil des strengen Eltern – Ichs (2).

Subtrahiere nun diesen Wert vom Summenwert (1). So errechnest du den Anteil des unterstützenden Eltern – Ichs (3).

Die Summe aller **+** in der Skala 2 (Fragen von 61 – 104) ergeben den Wert des Erwachsenen – Ichs (4).

Zähle jetzt alle eingekreisten **+** in der Skala 3 (Fragen von 105 – 143) (5).

Zähle dann alle **+** bei den Fragen, die mit einem Stern gekennzeichnet sind (freies Kind-Ich) (6). Wenn Du diesen Wert nun noch von der Summe (5) subtrahierst, erhältst du den Anteil des angepassten Kind-Ichs (7).

Skala 1 (Fragen 1 –60)		
Summe aller +	= ~~68~~ / 25	(1)
Summe der + - Antworten, die mit einem Stern versehen sind (strenges Eltern-Ich) *plus*	= ~~30~~ / 13	(2)
(1) minus (2) = (unterstützendes Eltern-Ich)	= 12	(3)
Skala 2 (Fragen 61 –104)	= 29	(4)
Skala 3 (Fragen 105 –143)		
Summe aller +	= 14	(5)
Summe aller + Antworten, die mit einem Stern versehen sind (freies Kind-Ich).	= 9	(6)
(5) minus (6) = (Angepasstes Kind-Ich).	= 5	7)

Anhand der folgenden Umrechnungstabelle werden jetzt diese berechneten Rohwerte (2) = (strenges Eltern-Ich), (3) = (unterstützendes Eltern-Ich), (4) = (Erwachsenen-Ich), (6) = (freies Kind-Ich), (7) = (angepasstes Kind-Ich) schließlich noch in Skalenwerte umgewandelt.

Skala 1				Skala 2		Skala 3			
Strenges Eltern-Ich		Unterstützendes Eltern-Ich		Erwachsenen-Ich		Freies Kind-Ich		Angepasstes Kind-Ich	
Roh-wert 2	Skalen Wert	Roh-wert 3	Skalen Wert	Roh-wert 4	Skalen Wert	Roh-wert 6	Skalen Wert	Roh-wert 7	Skalen Wert
2	0	2	0	13	0	1	0	1	0
3	5	5	5	14	5	2	5	2	5
5	10	7	10	16	10	3	10	3	10
7	20	10	20	18	20	(6)	20	(5)	20
9	30	(12)	30	21	30	7	30	7	30
11	40	14	40	23	40	8	40	8	40
(12)	50	16	50	26	50	(9)	50	9	50
14	60	18	60	(29)	60	10	60	10	60
16	70	20	70	31	70	12	70	12	70
18	80	22	80	33	80	13	80	13	80
20	90	25	90	36	90	15	90	15	90
21	95	28	95	38	95	17	95	17	95

Die Skalenwerte werden nun auf die untenstehenden Säulen übertragen.

So erhältst du dein aktuelles Egogramm.

Strenges Eltern-Ich	Unterstützendes Eltern-Ich	Erwachsenen-Ich	Freies Kind-Ich	Angepasstes Kind-Ich

Es gibt kein „gutes" oder „schlechtes" Egogramm, genauso wenig wie es gute oder schlechte **Ich-Zustände** gibt. Jeder Ich-Zustand bringt dir und der Zusammenarbeit mit deinem Umfeld Vor- und Nachteile. Das Egogramm zeigt, wie du deine psychische Energie in den einzelnen Ich-Bereichen verteilst und wie stark deine einzelnen Ich-Zustände ausgeprägt sind.

Je höher der Skalenwert steigt, desto ausgeprägter ist der entsprechende **Ich-Zustand** (der Skalenwert 50 entspricht einem Durchschnitt von 3000 deutschsprachigen Testpersonen). Übersteigt ein Ich-Zustand den anderen um mehr als 15 Skalenwerte, bedeutet dies, dass vor allem in Drucksituationen das Verhalten vom entsprechenden Ich-Zustand dominiert wird. Es fällt uns in solchen Situationen schwer, diesen Ich-Zustand zu verlassen.

Diese Dominanz eines Ich-Zustandes selektiert die **Wahrnehmung**. Wir nehmen in einem solchen Moment nur noch das „wahr", was unsere Handlung rechtfertigt. Wahrnehmung bezieht sich auf die Beobachtungsfelder:

- sehen oder visuell,
- hören oder auditiv,
- tasten oder taktil,
- riechen, schmecken oder olfaktorisch und gustatorisch,
- bewegen oder Gleichgewicht halten.

Geringe Unterschiede zwischen den Ich-Zuständen weisen auf einen schnellen Wechsel zwischen den entsprechenden Verhaltensweisen hin.

Sollten seit Beginn des Lockdowns deine Feedbacks, die du von anderen erhältst, dich eher verwundern, dir „neue Seiten" in deinem blinden Fleck aufzeigen, so in etwa:

- du bist so still/laut im IT-unterstützen meeting,
- du bist angepasst/dominant in den Telkos,
- du ziehst dich seit dem Lockdown für Präsenz-Meetings eher zurück etc.,

kannst du deine aktuellen Wegweiser neu erfahren. Wir nutzen hier das Antreiber-Modell von Taibi Kahler.

Antreiber-Analyse lockdownbasiert

Beantworte diese Aussagen mit Hilfe einer Bewertungsskala 1 - 5, so wie du dich im Moment in der Berufswelt selber siehst. Schreibe den entsprechenden Zahlenwert in den dafür vorgesehenen Raum.

Die Aussage trifft auf mich in meiner Berufswelt zu:	
Voll und ganz	5
Gut	4
Etwas	3
Kaum	2
Gar nicht	1

Frage-Ziffer	Inhalt	Skalenwert
1	Wann immer ich eine Arbeit mache, dann mache ich sie gründlich.	4
2	Ich fühle mich verantwortlich, dass diejenigen, die mit mir zu tun haben, sich wohl fühlen.	3
3	Ich bin ständig auf Trab.	4
4	Anderen gegenüber zeige ich meine Schwächen nicht gerne.	5
5	Wenn ich raste, roste ich.	3
6	Häufig brauche ich den Satz: „Es ist schwierig, etwas so genau zu sagen."	3
7	Ich sage oft mehr, als eigentlich nötig wäre.	3
8	Ich habe Mühe, Leute zu akzeptieren, die nicht genau sind.	4
9	Es fällt mir schwer, Gefühle zu zeigen.	5
10	Nur nicht locker lassen ist meine Devise.	13
11	Wenn ich eine Meinung äußere, begründe ich sie auch.	5
12	Wenn ich einen Wunsch habe, erfülle ich ihn mir schnell.	4
13	Ich liefere einen Bericht erst ab, wenn ich ihn mehrere Male überarbeitet habe.	4
14	Leute, die herumtrödeln, regen mich auf.	5
15	Es ist für mich wichtig, von den anderen akzeptiert zu werden.	4
16	Ich habe eher eine harte Schale, aber einen weichen Kern.	3
17	Ich versuche oft herauszufinden, was andere von mir erwarten, um mich danach zu richten.	3
18	Leute, die unbekümmert in den Tag hineinleben, kann ich nur schwer verstehen.	4
19	Bei Diskussionen unterbreche ich die anderen oft.	3
20	Ich löse meine Probleme selber.	4
21	Aufgaben erledige ich möglichst rasch.	3

Frage-Ziffer	Inhalt	Skalenwert
22	Im Umgang mit anderen bin ich auf Distanz bedacht.	3
23	Ich sollte viele Aufgaben noch besser erledigen.	3
24	Ich kümmere mich persönlich auch um nebensächliche Dinge.	3
25	Erfolge fallen nicht vom Himmel; ich muss sie hart erarbeiten.	3
26	Für dumme Fehler habe ich wenig Verständnis.	4
27	Ich schätze es, wenn andere auf meine Fragen rasch und bündig antworten.	4
28	Es ist mir wichtig, von anderen zu erfahren, ob ich meine Sache gut gemacht habe.	3 4
29	Wenn ich eine Aufgabe einmal begonnen habe, führe ich sie auch zu Ende.	3
30	Ich stelle meine Wünsche und Bedürfnisse zugunsten derjenigen anderer Personen zurück.	3
31	Ich bin anderen gegenüber oft hart, um von ihnen nicht verletzt zu werden.	3
32	Ich trommle oft ungeduldig mit den Fingern auf den Tisch.	4
33	Beim Erklären von Sachverhalten verwende ich gerne die klare Aufzählung: Erstens…, zweitens…, drittens…	2
34	Ich glaube, dass die meisten Dinge nicht so einfach sind, wie viele meinen.	2
35	Es ist mir unangenehm, andere Leute zu kritisieren.	2
36	Bei Diskussionen nicke ich häufig mit dem Kopf.	4
37	Ich strenge mich an, um meine Ziele zu erreichen.	5
38	Mein Gesichtsausdruck ist eher ernst.	4
39	Ich bin nervös.	3
40	So schnell kann mich nichts erschüttern.	2
41	Meine Probleme gehen die anderen nichts an.	1 2
42	Ich sage oft: „Mach mal vorwärts."	2
43	Ich sage oft: „genau…, exakt…, klar…"	2
44	Ich sage oft: „Das verstehe ich nicht…"	4
45	Ich sage eher: „Könnten Sie es nicht einmal versuchen?" als „Versuchen Sie es einmal."	3
46	Ich bin diplomatisch.	3
47	Ich versuche, die an mich gestellten Erwartungen zu übertreffen.	1 3
48	Beim Telefonieren bearbeite ich nebenbei oft noch Akten.	2
49	„Auf die Zähne beißen" heißt meine Devise.	4
50	Trotz enormer Anstrengung will mir vieles einfach nicht gelingen.	2

Übertrage jetzt Deine Bewertungszahlen für jede entsprechende Fragenummer auf den folgenden Auswertungsschlüssel. Zähle dann die Bewertungszahlen zusammen.

Antreiber „sei perfekt"

Fragen	1	8	11	13	23	24	33	38	43	47	Total
Ergebnisse	4	4	5	4	3	3	2	4	2	3	34

Antreiber „beeil Dich"

Fragen	3	12	14	19	21	27	32	39	42	48	Total
Ergebnisse	4	4	5	3	3	4	4	3	2	2	34

Antreiber „streng Dich an"

Fragen	5	6	10	18	25	29	34	37	44	50	Total
Ergebnisse	3	3	3	4	3	3	2	5	4	2	32

Antreiber „sei gefällig"

Fragen	2	7	15	17	28	30	35	36	45	46	Total
Ergebnisse	3	3	4	3	4	3	2	4	3	3	30

Antreiber „sei stark"

Fragen	4	9	16	20	22	26	31	40	41	49	Total
Ergebnisse	5	5	3	4	3	4	3	2	2	4	35

Übertrage jetzt die Totalwerte auf das untenstehende Schema.

Antreiber	10	15	20	25	30	35	40	45	50
„Sei perfekt"					34				
„Beeil Dich"					34				
„Streng Dich an"					32				
„Sei gefällig"					30 31				
„Sei stark"						35			

Wenn bei einem **Antreiber** der Skalenwert 30 überschritten wird, wird sich dieser mit großer Wahrscheinlichkeit eher leistungsmindernd auswirken.

Teamarbeit COVID-19-basiert

Nachstehende Beispiele können in der Ursachenquelle den 6 Zeitstruktur-Feldern:
- Rückzug/Isolation,
- Rituale/Zeremonien,
- Zeitvertreib,
- Aktivität,
- Spiele,
- Intimität/Nähe

zugeordnet werden.

Beispiele	Ursachenquelle
Um 10 Uhr sollte die Video-Konferenz beginnen. Das war allen bekannt. Jetzt ist es 20 Minuten nach 10. Die Aussage gilt: „So etwas kommt bei uns regelmäßig vor".	
Getroffene Vereinbarungen werden nicht eingehalten. Arbeitsdisziplin im Team ist schlecht.	
Es reden immer nur dieselben Personen. Einzelne Teilnehmer sagen gar nichts mehr. Sie verhalten sich völlig passiv.	
Es wird an den unterschiedlichen Themen vorbeigeredet. Verzetteln ist angesagt.	
Die Video-Konferenz ist durch unterschwellige Konflikte belastet. Es werden Themen besprochen, die gar nicht zur Sache gehören. Aber da traut sich keiner ran.	
Das Team diskutiert sachlich. Es werden viele gute Vorschläge gemacht, aber es arbeitet nicht systematisch genug. Dadurch geht viel an Effizienz verloren. Es fehlt das methodische Know-how.	
Das Problem wird einzelnen Personen zugeschrieben.	
Einzelne halten Monologe.	
Längst abgehakte Themen werden einen Monat später wieder heißgemacht.	
In einem Projektteam breitet sich zunehmend Verunsicherung aus. Es heißt, dass das Projekt nicht mehr weitergeführt wird. Niemand weiß etwas Genaues, auch der Teamleiter nicht.	

Beispiele	Ursachenquelle
Ein qualifiziertes Mitglied eines Teams teilt dem Teamleiter mit, dass er nicht mehr im Projektteam mitarbeiten kann, weil sein Chef ihn für andere Aufgaben eingeplant hat. Der Neue ist nicht qualifiziert und auch nicht interessiert.	
Es besteht die Notwendigkeit für einen Präsenz-Termin. Einzelne lehnen ab und wollen hybrid hinzugeschaltet werden.	
Eine Führungskraft beklagt den Kontrollverlust gegenüber den Mitarbeitern.	
Mitarbeiter beschweren sich, dass sie keine Rückmeldung für deren erfolgreiche Arbeit seitens der Führung erleben.	
Telefonische Erreichbarkeit ist bei Einzelnen ständig nicht gegeben.	
Bei Einzelnen bestehen begründete Zweifel an der Bereitschaft, sich weiterhin konstruktiv in das Team mit einzubringen.	
Das Team fühlt sich komplett von anderen „abgehangen".	

Gelingt es dir, anhand dieser Checkliste die Ursachenanalyse mit den Zeit-Struktur-Feldern zu verbinden? Siehst du eine Veränderbarkeit? Mögliche Interventionen könnten für die Widerstandsbearbeitung sein:

- metaphorisch unterlaufen,
- konfrontieren,
- verstärken sowie als
- Kooperation deuten.

Pandemieschock und die drei Hunger in Teams

Anfang Juli 2020 öffneten in Baden-Württemberg wieder die Schulen ihre Pforten. Dienstleister und Fabriken nahmen bundesweit die Arbeit vielfach wieder auf. In dieser Zeit kam die Tochter eines Freundes auf mich zu, wirkte bedrückt. „Na, wie war es denn heute in der Schule?" Es sprudelte förmlich aus ihr heraus: „Doof. Es ist alles so anders!". Machtest du nach deiner ersten Rückkehr in den vermeintlich gewohnten Alltag eine ähnliche Erfahrung?

Unsere drei Hunger stehen im Kontext zu den Menschen, mit denen wir uns privat wie beruflich umgeben. Ob wir nun von privaten oder beruflichen Gruppen sprechen, sei erst mal dahingestellt. Allen sind nachstehende Phasen gemeinsam:

Phase 1: Orientierung
Die Kernfragen sind:

- Welches Ziel verfolgt das Team?
- Wie sind die Wirkungsmöglichkeiten der einzelnen Mitglieder?
- Besteht Klarheit über die individuellen Aufgaben der Teammitglieder?
  Du unterscheidest am besten nach den:
  - grundsätzlichen Aufgaben,
  - spezifischen Aufgaben,
  - für Teams in Organsiationen:
    - Aufgaben für die Personalentwicklung,
    - Aufgaben für die Organsiationsentwicklung.

Phase 2: Konflikt
Hier bilden sich die einzelnen informellen Team-Rollen heraus:

- Führer,
- Opponenten,
- Sündenböcke,
- Außenseiter sowie
- Mitläufer.

Phase 3: Das Eldorado der Optionen
Für den **secure-base-Manager** ergeben sich nachstehende Handlungsfelder:

- Konflikte lösen oder
- Kompromisse eingehen oder
- derzeit nicht lösbare Konflikte zusammen mit dem Team aushalten.

Phase 4: Tatsächliche Harmonie

Häufig werden hier **Rituale** und Zeremonien in positiver Form festgestellt. Es kann aber auch die gesteigerte Form der Intimität und Nähe festgestellt werden. Gleichwohl gibt es Teams, die einen starken **Widerstand** gegenüber dieser Phase vorhalten, sei es im privaten als auch beruflichem Kontext. Berne sprach hier vom „Gruppenskript".

Wie steht es nun um das **Skript** deiner Teams? Für den kreativen Umgang mit dem Pandemie-Schock stehen nachstehende Fragen im Vordergrund:

1. Existierte das Team ganz oder überwiegend schon vorher?
2. Kamen wesentliche informelle Führer und/oder Opponenten hinzu?
3. Wurde das Team während des Pandemie-Schocks gegründet?
4. Gab es wesentliche Veränderungen für die Phase 1?

Das Skript des Teams

Das Teamskript unterscheidet sich vom Organisationsskript durch:

- die Größe des Teams (maximal 20 – 25 Personen) sowie
- die Art der Beziehung (alle Teammitglieder kennen sich und haben persönliche Beziehungen zueinander).

Voraussetzung für das Entstehen eines Teamskripts ist, dass ein Team lange genug existiert. Ein Teamskript enseht nicht in drei Tagen, kann sich aber schon bei 2 x 3 Tagen in den ersten Ansätzen entwickeln.

Teamskript und Organisationskultur

Es handelt sich hier um ein Muster von Grundüberzeugungen, die eine Organisation bis hin zu Teams entwickelt, um Konflikte (Phase 2) zu bewältigen. Diese Grundüberzeugungen werden oft mit Erfolg angewendet, sodass sie als allgemein gültig erfahren werden. Deswegen werden diese Grundüberzeugungen an neue Teammitglieder weitergegeben. Damit haben wir es beim Teamskript mit Verhaltensmustern eines Teams zu tun, die in der Vergangenheit entstanden sind und sich noch immer manifestieren.

Organisationskript

Das Skript entsteht am Anfang einer Organisation (in den ersten Existenzjahren) und setzt sich aus Entscheidungen zusammen, die die Gründer (oder die ersten Direktoren) getroffen haben. Wenn diese Skriptentscheidungen kollektiv beibehalten werden, entsteht eine bestimmte Organisationskultur.

Skripteinteilung gegenwartsbezogen

Du kannst intuitiv die aktuelle Situation im Spannungsfeld home office, mobile working und den Präsenzterminen befunden. Achte auf die Wechselwirkung Familie/Beruf, insbesondere auf die eventuellen neuen Aufgaben in diesen Beobachtungsfeldern.

Steiner und Lenhardt trennten hier die negativen Skripte nach:

persönlichen Ebenen:

- ohne Liebe
- ohne Denken
- ohne Spaß
- ohne Ruhe

beruflichen Ebenen:

- ohne Macht
- ohne Interesse
- ohne Erfolg
- ohne Geld

Organisationsebenen:

- ohne Richtung
- ohne Sinn
- ohne Wohlbefinden
- ohne Mittel

Teamskript-Analyse in Zeiten des Pandemie-Schocks

Mit nachstehenden Fragen klärst du deine Wahrnehmungen für deine Teams. Trenne in die privaten (Familie, Freunde, Sportverein etc.) sowie in die beruflichen Teams.

Gruppenorientierte Fragen

1. Beschreibe in kurzer Form deine Teams

2. Wann wurden die Teams gegründet?

3. Wer war(en) der/die Gründer? Beschreibe diese Personen mit ihren Merkmalen – ihrem Motto.

4. Was waren die Gefühle damals?

5. Wer bestimmt aktuell die Orientierung, die Vorgehensweisen? Beschreibe diese Personen(en) mit ihren Merkmalen – ihrem Motto.

6. Was hatte der/die Gründer damals in jedem Ich-Zustand?

7. Was sind die Slogans der Gruppe?

8. Was sind die Spiele?

9. Welche Leute dürfen legitim an diesen Teams teilnehmen?

10. Was wird in diesen Teams von Mitgliedern verlangt?

11. Was ist verboten?

12. Was würden die Teammitglieder als schlimmstes Verhalten bezeichnen?

13. Wenn die Teams einen Ratschlag für ein neues Mitglied geben würden, wäre dies:

14. Was ist jetzt nach dem Lockdown anders als bei der Gründung?

148

15. Wenn es Krisen gibt, geht man zu:

16. Was muss passieren, um eine positive Entwicklung zu erreichen?

17. Gibt es jeweils drei Vorteile, die die Teams mit den Antworten aus Frage 16 erreichen?

18. Denkst du, dass die Führung das schätzt (unterstützendes Eltern-Ich), denkst du, dass die Mitglieder sich darüber freuen (freies Kind)?

19. Wann werden die Teams aufhören zu existieren?

20. Was werden die Teammitglieder dazu sagen?

Personenorientierte Fragen

1. Was weißt du darüber, wie du in die jeweiligen Teams gekommen bist?

2. Was denkst du, was die Teammitglieder dachten, als sie dich zum ersten Mal sahen?

3. Was musst du tun, um den Teamleiter/die Teammitglieder zufriedenzustellen?

4. Was ist das Wertvollste/Angenehmste, das dir der Teamleiter/die Teammitglieder bisher gesagt haben?

5. Was ist das Unangenehmste, das dir der Teamleiter/die Teammitglieder bisher gesagt haben?

6. Welches unangenehme Gefühl hast du in den Teams öfter?

7. Wie würdest du deine Mitgliedschaft beschreiben? Und wie wird deine Mitgliedschaft in 5 bis 10 Jahren aussehen?

8. Was wirst du tun, um eine positive Entwicklung für dich zu erreichen?

9. Was könnte dich daran hindern?

10. Gibt es drei Vorteile, wenn es diese positive Entwicklung gäbe?

11. Was wird dein Eltern-Ich dazu sagen?

12. Was wird dein Kind-Ich dabei fühlen?

Hat dir das Aufdecken der **Skripte** geholfen? Als **secure-base-Manager** hast du gerade auch in Zeiten der Pandemie die Möglichkeit, dich selbst und andere im Schmerz des Loslassens seitheriger sicherer Basen zu begleiten. Und das Wichtigste, sich den damit einhergehenden Risiken zu stellen. In aller Regel haben die Menschen nicht **Angst** vor dem Wandel, sie fürchten den damit einhergehenden Schmerz und das Risiko.

Secure-base-Management

Beobachtungsfelder Makro	Skalierung
Überschwang	0 ←——————————→ 10
Freude	0 ←——————————→ 10
Überraschung	0 ←——————————→ 10
Freiheit	0 ←——————————→ 10
Euphorie	0 ←——————————→ 10
Stolz	0 ←——————————→ 10
Befriedigung	0 ←——————————→ 10
Zufriedenheit	0 ←——————————→ 10
Glück	0 ←——————————→ 10
Entspannung	0 ←——————————→ 10
Sicherheit	0 ←——————————→ 10

Beobachtungsfelder der verstärkenden und begleitenden Stimulanzen	Skalierung
Nähe	0 ←——————————→ 10
Liebe	0 ←——————————→ 10
Zärtlichkeit	0 ←——————————→ 10
Zuneigung	0 ←——————————→ 10
Verbundenheit	0 ←——————————→ 10
Einheit	0 ←——————————→ 10
Anerkennung	0 ←——————————→ 10
Angst	0 ←——————————→ 10
Furcht	0 ←——————————→ 10
Verletzbarkeit	0 ←——————————→ 10
Schwäche	0 ←——————————→ 10
Sorge	0 ←——————————→ 10
Nervosität	0 ←——————————→ 10
Schuld	0 ←——————————→ 10
Gewissensbisse	0 ←——————————→ 10
Gefühl der Unanständigkeit	0 ←——————————→ 10
Scham	0 ←——————————→ 10
Wut	0 ←——————————→ 10

Beobachtungsfelder der verstärkenden und begleitenden Stimulanzen	Skalierung
Feindseligkeit	0 ←————————————→ 10
Verachtung	0 ←————————————→ 10
Hass	0 ←————————————→ 10
Groll	0 ←————————————→ 10
Rachegefühle	0 ←————————————→ 10

Das Feuer der Begeisterung während und nach den Lockdowns wieder entfachen

Das Feuer der Begeisterung wieder entfachen oder erhalten bedingt, konfliktäre Situationen frühzeitig zu erkennen und entsprechend zu handeln. Solange es uns gelingt, in diesem Bereich Chancen und Herausforderungen anzunehmen und zu gestalten, sind wir bestens für den weiteren Lebensweg gerüstet.

In den jeweiligen privaten wie auch beruflichen Lebensbereichen wird meistens früh erkannt, ob sich eine Störung abzeichnet. Gleichwohl werden manchmal die Umstände, die auf eine kritische Situation hinweisen, nicht wahrgenommen bzw. ausgeblendet. In Passivität führendes Vermeidungsverhalten ist die Folge, dem Feuer der Begeisterung wird so Schritt für Schritt die Nahrung entzogen.

Im Allgemeinen bestehen die Fallen in privaten wie beruflichen Konfliktfeldern. Die Beteiligten positionieren sich gegenseitig in konträren Positionen. Diese beziehen sich auf:

- Unterschiede in Zielen und Interessen
- Unterschiede in Wertvorstellungen
- Unterschiede in Wahrnehmungen des Problems
- Macht-Status, Rivalität
- Unsicherheit-Mangel an Kompetenzgefühl
- Widerstand gegen Veränderung
- Rollenverständnis-Diskrepanz in dem, was die Parteien beabsichtigen zu tun
- Suche nach Identität
- Persönliche Bedürfnisse
- Mangel an Kommunikation

Es gilt, die Quellen negativer Einstellungen zu entdecken, meistens sprudeln aus ihnen auch völlig neue Erkenntnisse und Sichtweisen. Konflikte erzeugen Spannungen, die entweder positiv, neutral oder negativ erlebt werden. Dies ist insofern von Bedeutung, als sich das persönliche Erleben auf die jeweilige Einstellung zu Konflikten auswirkt. Dies gilt sowohl für die direkt Betroffenen einer Konfliktsituation als auch für Personen, die zunächst als Außenstehende mit solchen Situationen konfrontiert werden. Jeder ist hier in seiner persönlichen Sensibilität für Konfliktsituationen besonders gefragt.

Entsprechend der individuellen Einstellung gegenüber Konflikten zeigen sich Unterschiede in der Wahrnehmung, der Gefühlslage und dem Verhalten in Konfliktsituationen. Der Konflikt wird als Herausforderung erlebt und angesehen oder die Reaktion auf einen Konflikt ist Hilflosigkeit. Gefahrendenken steht im Vordergrund, die damit einhergehende **Angst** gewinnt im emotionalen Bereich die Oberhand.

Gedanken über Konflikte

Definition
Ein Konflikt wird definiert als Gegensatz zwischen zwei oder mehreren Parteien. Konflikte sind gekennzeichnet durch:

- Spannung,
- Meinungsverschiedenheit und
- Emotionalität.

Die Stärke der Polarisierung wird definiert durch das Maß an Gegensatz.

Toxische Quellen als häufige Konfliktursachen

Als immer wiederkehrende Muster gelten Defizite in den nachstehenden Beobachtungsfeldern:

1. Mitglieder einer Organisation wollen dazugehören,
2. sie wollen sich an positiven, realistischen und kontrollierbaren Zielen orientieren,
3. sie wollen Dialoge mit gegenseitigem Respekt erfahren,
4. sie wollen Führung erleben,
5. sie wollen maximales Engagement, Selbstmanagement und Entscheidungsbereitschaft aller Beteiligten erleben,
6. sie wollen das Gefühl haben, dass das, was sie tun, wichtig ist.

In welchen Bereichen erlebst du die wesentlichen Defizite? Welche würdest du für wirkungsorientiertes Handeln derzeit favorisieren? Achte hierbei auf die an anderer Stelle angeführte **Gefühlsvermischungstrommel**, insbesondere auf die klare Trennung zwischen **Wut** und **Angst**. Suche das Risiko, gehe Schritt für Schritt raus aus der vorhandenen Passivität. Stelle dich der Regelverletzung.

Aktives Konfliktmanagement versus Langeweile

Welche positiven Aspekte liegen in diesem Thema? Zunächst ist es eine Frage deiner Grundierung schon alleine dem Begriff gegenüber. Hierbei gilt, dass ein Konflikt weder gut noch schlecht ist; es ist lediglich ein Prozess, der zu bewältigen ist. Damit reflektiert er Energie und ist eine potentielle Quelle der Hingabe und Loyalität für das Gegenüber, ist vielfach auch eine Quelle für die aktuellen Ziele und Prinzipien deiner privaten wie auch beruflichen Organisation.

Das Ziel von Konfliktmanagement ist, eine Umgebung der Kooperation zu schaffen und eine „Gewinn/Gewinn"-Einstellung durch Verhandlung zu erzeugen.
Ein weiteres Ziel ist, die Würde des Individuums zu festigen, aufrechtzuerhalten und es zu respektieren. Es soll sowohl die beste Lösung für ein Problem gefunden, als auch die Bindungen zwischen den beteiligten Personen in einer Konfliktsituation aufrechterhalten werden. Damit sicherst du positive Bindungen.

Konflikt – eine andere Betrachtung

Gerade **lauwarm Frustrierte** erinnern häufig an solche, die schon mit dreißig sterben und erst in ihren Neunzigern beerdigt werden. Sie verwenden den Hartkleber in Richtung Problemsucht, können **Defizite** höchst professionell beschreiben und verlieren sich in ihren problemkreisenden Gedanken völlig. Dabei gibt es mit den nachstehend aufgeführten Gesichtspunkten optionale Sichtweisen:

• Konflikte sind unverzichtbare, fundamentale Aspekte des menschlichen Lebens.
• Konflikte können uns stimulieren, nach Kompromissen und Kooperation zu suchen.
• Konflikte prüfen und lehren uns.
• Konflikte stimulieren unsere Neugier und Kreativität.

Gehen wir einmal davon aus, dass das **Eltern-Ich** sowie das **Erwachsenen-Ich** immer vergangenheits- bzw. zukunftsbezogen ist bleibt das **Kind-Ich** konkret in der Gegenwart. Das freie Kind lechzt förmlich nach mit Konfliktmanagement einhergehenden Stimulanzen.

Und es genießt den Erfolg und eben gerade auch den Stolz, negatives Nichts-Tun überwältigt zu haben.

Positive Effekte von Konflikten

- Problem wird angegangen, Handlungen werden vollzogen.
- Problem wird gelöst
- Konflikt wird gelöst
- bessere Resultate
- Verbesserung von dauerhaften Beziehungen
- Kreativität wird stimuliert.
- persönliches, berufliches Wachstum
- Führer bilden sich heraus.

Negative Effekte von Konflikten

- Zögern beim Austausch von Informationen
- Keine Ergebnisse
- Verlust von Selbstwertgefühl
- Zerstörung von Beziehungen

Emotionen

- Phasen
  1. Ladung
  2. Spannung
  3. Entladung
  4. Entspannung
  5. Flexibilität

- Arten
  1. Ärger
  2. Trauer
  3. Angst
  4. Freude/Liebe
  5. Sexuell

Ursache von Konflikten

Konflikt und Team
- Mitglieder einer Organisation wollen dazugehören.
- Ziele
- Dialog mit gegenseitigem Respekt
- Leitung
- Maximale Teilnahme

Positive Werte im Konfliktmanagement und in der Teamarbeit
- Gerechtigkeit
- Vertrauen
- Ehrlichkeit
- Treue
- Fairness
- Freundlichkeit
- Mut
- Härte/Strenge
- Mitgefühl
- Fürsorglichkeit
- Gemeinschaftssinn
- Hervorragende Leistungen

Erscheinungsformen unterbrochener Bindung
- Psychosomatische Störungen
- Gewalttätigkeit
- Sucht
- Depression
- Burn Out
- Krise
- Stressreaktion
- Konflikte in der Organisation

Phasen einer konfliktären Verhandlung

- Bindung aufbauen
- Person von Problem trennen
- Eigene Bedürfnisse feststellen
- Bedürfnisse des anderen feststellen

- Dialog
- Ziel
- Optionen
- Gemeinsamer Gewinn
- Vertrag
- Beziehung wird fortgesetzt oder positiv beendet

Effektive Entscheider

- verfügen über eine hohe Toleranz für Vieldeutigkeit
- haben einen geordneten Sinn für Prioritäten
- sind gute Zuhörer
- bilden Konsens für Entscheidungen
- vermeiden Stereotypen
- bleiben flexibel
- bleiben entspannt bei hartem wie weichem Input
- bleiben bezüglich Kosten und Schwierigkeiten realistisch
- beugen Fallen bei Entscheidungen vor

Liste der Stressoren

- Verlust
- Verlust von Zielen
- negative Beziehungen
- Einsamkeit
- **Beeil-Dich**-Krankheit
- Chronische Sorgen
- Langeweile
- Umgebung

Führungskraft und Konflikt

- erzeugen leitende Visionen, Bilder einer positiven Zukunft
- zeigen Energie und Leidenschaft
- haben Ausdauer und Engagement
- lassen Phantasien zu
- zeigen und pflegen Selbstvertrauen

- ertragen Stress und Konflikte
- sind anpassungsfähig
- engagieren sich für Klarheit und Eindeutigkeit
- stellen durch Teamarbeit Beziehungen her
- stiften Sinn durch das Gefühl, dazu zu gehören
- sind Vorbild für ihre Rolle
- sind Motivator und Kommunikator

Positive Selbstachtung

- Das Gesicht einer Person, ihre Art und Weise zu reden und sich zu bewegen, vermittelt den Spaß, lebendig zu sein, die einfache Freude über die Tatsache, da zu sein.
- Dieser Person ist es möglich, direkt und aufrichtig über Fähigkeiten und Fehler zu sprechen.
- Dieser Person ist es angenehm, Komplimente, Äußerungen der Zuneigung und Dankbarkeit zu geben und auch anzunehmen.
- Diese Person ist offen für Kritik und fühlt sich sicher, Fehler einzugestehen.
- Die Worte und Bewegungen dieser Person sind unbeschwert und spontan.
- Es besteht Harmonie zwischen dem, was diese Person sagt und tut und wie er oder sie aussehen, sich anhören oder bewegen.
- Diese Person zeigt eine offene und neugierige Haltung gegenüber neuen Ideen, neuen Erfahrungen und neuen Möglichkeiten im Leben.
- Dieser Person ist es möglich, den humorvollen Aspekt des Lebens zu sehen und zu genießen, in sich selbst und bei anderen.
- Diese Person vermittelt eine flexible Haltung gegenüber Situationen und Herausforderungen, einen Einfallsreichtum und sogar Ausgeglichenheit.
- Diese Person fühlt sich mit einem bestimmten (nicht kampflustigem) Verhalten gut.
- Diese Person bewahrt Selbstkontrolle unter Stressbedingungen.

Bindung an Personen und Ziele

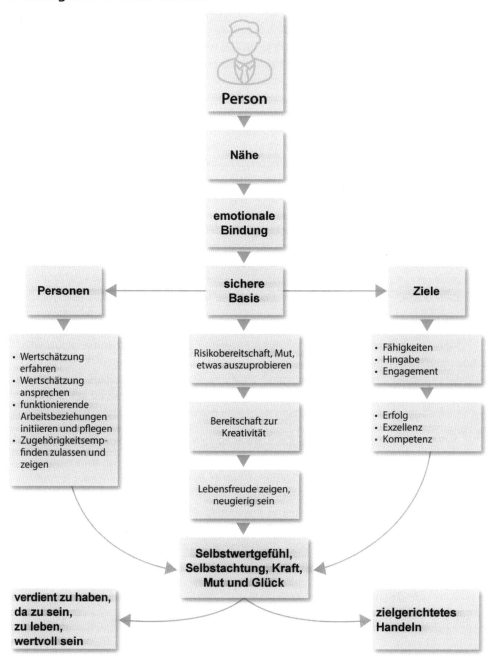

Auftraggeber und Klient, nicht immer die gleichen Ziele

Kommt ein Klientenkontakt über Dritte zustande, z. B. Firmen, öffentlich-rechtliche Leistungsträger etc., werden häufig unterschiedliche Erwartungen formuliert. Hier gilt es, klare Interventionen zu setzen und entsprechende Verträge zu vereinbaren. Bei einer fahrlässigen Vorklärung kann schon mal beobachtet werden, dass eher Ohnmächtige Ohnmächtige trainieren, supervidieren, coachen etc.

Gegenüber Auftraggebern und Klienten empfehle ich differenzierte Vorgehensweisen. Beiden ist eine klare Vertragsarbeit gemeinsam. Solche Verträge garantieren die Verfügbarkeit deiner Ich-Zustände in schwierigen Situationen.

Erstgespräch mit den Auftraggebern:
- Welche Erwartungen hast du gegenüber der Maßnahme?
- Was muss zwangsläufig schief laufen, damit überhaupt eine Chance für Veränderung gegeben ist?
- Angenommen, wir würden zeitnah starten, was würdest du für die Veränderung beitragen?
- Wie stehst du zum Prinzip keine Leistung ohne Gegenleistung?
- Welche Leistung erbringst du für den Klienten?
- Welche Leistung erwartest du von ihm?
- Welche Vermeidungsfelder gelten für dich, eventuell für den Klienten?
- Bei möglicher Beratungsresistenz, wie könnte ein Ausstiegsverhinderungsvertrag aussehen?
- Wie gestalten wir unsere Kommunikationswege in Krisen?
- Worin siehst du die kritische Erfolgspfade?

Je klarer du die Vertragsarbeit mit Auftraggebern gestaltest, gerade auch mit ungewöhnlichen Fragen, desto freier ist deine Position in der anschließenden Klientenarbeit.

Erstgespräch mit dem Klienten
Egal ob Seminar, Coaching oder Supervision, bedeutsam ist dem oder den Klienten Sicherheit für:

- den Aktionsrahmen
- die Beratungsklarheit
- das Beraterverhalten sowie für den Komplexibilitätsgrad

zu geben.

Aktionsrahmen

- triggerfreie Situation herstellen
- sonstige Störungen ausschließen
- flashbacks als zulässig erklären, Beraterrolle für diese Situationen klären
- auf gleiche Ebene achten
- Erlaubnis für Notizen einholen

Beratungsklarheit erzeugen

- Chancen und Grenzen der Beratung definieren
- Tempo klären
- Bei negativen Vorerfahrungen: worst case definieren
- Erfolgsrituale festlegen
- kritische Erfolgspfade festlegen
- Leistung und Gegenleistung definieren
- Kompetenzgrenzen aufzeigen
- Ansprachewege definieren
- eigenes Netzwerk vorstellen
- Geschwindigkeit dem Klienten anpassen

Beraterverhalten

- aufrecht und direkt sein
- klare Kommunikation anbieten
- Umdeutungen vermeiden
- angemessen emotionalisieren und rationalisieren
- eigene Grenzen spüren
- Spaß an der Wirkung haben
- Macht zeigen
- mögliche Sekundärbelastungen wahrnehmen

Komplexibilitätsgrad definieren

- Handlungsfelder eingrenzen
- Erwartungsanalyse für die jeweilige Operation vornehmen
- Prioritäten festlegen, Pakete schnüren
- Vollmacht für Externe einholen
- bei Negativerfahrungen mit Dritten angemessen reagieren, nicht abwerten

Coaching, ein begrifflicher Weichmacher aus dem Sport?

In klinisch orientierten Konzepten wird seit Jahrzehnten die Diskussion geführt unter dem ehrenwerten Ticket: „Wo endet Beratung zugunsten Therapie?" Eine ähnlich scharfe Auseinandersetzung zum Thema **Coaching** ist auch nicht ansatzweise zu erkennen. Genau betrachtet findet gar keine, jedenfalls wissenschaftlich fundierte, statt. Veröffentlichungen sind eher Praxisberichte und Anleitungen. Weil die Publikationen zu **Coaching** so wenig strittig sind und nicht Auseinandersetzungen führen, gibt es eben keine den Begriff schärfenden Konflikte. Hinzu kommt, dass ein Weichmacher des Begriffs mit Sicherheit auch darin zu sehen ist, dass sein Bekanntheitsgrad aus dem Sport heraus sich entwickelte (ein großer Transporteur in der damaligen Bundesrepublik Deutschland war Beckenbauer 1982, der wegen einer nicht vorhandenen Trainerlizenz, er holte sie erst später nach, als **Coach** dem Trainer beigepackt wurde.

Letztlich gilt zu berücksichtigen, dass das Spektrum erfolgreicher Coaches sehr breit gefasst ist. Kommt einer aus dem psychologisch/soziologischen Feld, wird er Coaching anders definieren als einer aus der eher betriebswirtschaftlich orientierten Ecke. Und der Technologe wird nochmals eine andere Sichtweise haben. Arbeitet einer nur in seiner regionalen Ebene, nationenweit oder international? Und letztlich, was sind seine legitimen Standardwerkzeuge?

Die notwendige Begriffsklarheit eines Coaches
Bei all dem Gesagten sollte dennoch eine individuelle Klarheit beim Coach bestehen. Ich halte es für zulässig, wenn auf dieser Ebene Coaching unterschiedlich interpretiert wird. Für mich ist auf der Grundlage einer internationalen Arbeitserfahrung Coaching der Sammelbegriff für pragmatische Formen einer personenzentrierten sozialen Intervention auf der Prozessebene. Generelles Ziel ist immer die Verbesserung der Selbstregulationsfähigkeiten. Es ist eine „Hilfe zur Selbsthilfe" durch die Förderung von Selbstreflexion und -wahrnehmung, Bewusstsein und Verantwortung. Coaching ist somit ein interaktives Geschehen zwischen zwei gleichberechtigten Parteien, dem Klient und dem Coach. Es gibt kein Beziehungsgefälle, wie beispielsweise bei Training (Trainer – Trainee) oder Supervision (Supervisor – Supervidand). Der Coach arbeitet mit transparenten Interventionen und nutzt keine manipulativen/suggestiven Techniken, da ein derartiges Vorgehen der Förderung von Bewusstsein und Eigenverantwortung prinzipiell entgegenstehen würde.

Voraussetzung für Coaching
An die Durchführung sind einige Voraussetzungen geknüpft, ohne die ein von der Beziehung zwischen Coach und Klient getragener Beratungsprozess nicht gelingen kann. Diese Voraussetzungen betreffen sowohl den Coach als auch den Klienten und sollten daher von beiden beachtet werden. Ohne Frustration des Klienten läuft nichts, und ohne

die Kompetenzbreite des Coaches schon gar nichts. **Lauwarm frustrierte Coachees** benötigen andere Interventionsstärken wie durchschnittlich motivierte Ratsuchende.

Professionelle Coaches sind beseelt von Neugier. Sie denken nicht in die Richtung: „Wie schafft es der Klient, die Lösung A zu finden?" sondern arbeiten stringent an der Frage: „Wie und wodurch kann ich ihm helfen, seine Lösung zu finden?" Hierfür hat er Macht, Schutz und Erlaubnis und gibt diese im Prozess weiter. Jeder Klient, der eher das Gefühl hat, dass der Coach sich gnädig zu ihm herablässt, als Guru seine Jünger sucht und letztendlich mehr Verwirrung als Klarheit stiftet, ist gut beraten, einen solchen – eher mit seinem Ego Beschäftigten – eben einen solchen Coach abzulehnen.

Freiwilligkeit
Der Klient hat ein eigenständiges und begründetes Interesse an einer Beratungsbeziehung. Für diese Klärung ist ein fundamentales Werkzeug der Dreiecksvertrag nach Fanita English. Der Coach stellt durch konkretes Nachfragen sicher, dass die „Mächtigen" in seiner Organisation den Kontakt nicht erzwungen haben, bestenfalls diese ihn initiiert haben.

Persönliche Akzeptanz
Stimmt die Chemie zwischen Coach und Klient? Hier kommt es auch darauf an, dass beide eine Klarheit über ihre beidseitigen Kompetenzen für einen erfolgreichen Coaching-Verlauf erkennen. Kann der Klient eine Beratungsbeziehung oder den Coach mangels Kompetenz nicht akzeptieren, so ist nach Alternativen zu suchen. Steht andererseits der Coach dem Klienten nicht neutral gegenüber oder gibt es nach seiner Einschätzung einen Mangel in dessen Kompetenzen, zu deren Abbau er nicht beitragen kann, so sollte er von dem Coaching absehen. Seine neutrale Position und seine Effizienz wären gefährdet und somit wären die Grundbedingungen für ein fundiertes soziales Intervenieren kaum noch vorhanden. Das Vertrauen zwischen Coach und Klient und die gegenseitige Akzeptanz müssen von beiden Parteien gegeben sein.

Diskretion
Die im Coaching thematisierten Inhalte werden als absolut vertraulich erklärt. Ansinnen Dritter, über den **Coaching-Prozess** Informationen zu erhalten, werden enttäuscht. Im Rahmen von **Team-Coachings** kann der Coach Diskretion nur für sich zusagen, eine andere Form („Wir legen vertraglich für alle Vertraulichkeit fest.") ritualisiert den Einstieg in Spiele.

Auch hier wird nochmal deutlich, dass die Vorfeldklärungen mit Dritten (meistens Auftraggeber) entscheidend für den Erfolg sind. Hier gilt es, keine Kompromisse zu machen.

Ausblick: Stimulanz, Lösung und Wirkung

Ich bin in all den Trainerjahren gerade in Unternehmen vielen Menschen begegnet, die sich all zu sehr von den Fragen ihres **o.k.-Seins** leiten lassen. Manche habe ich getroffen, die in den Grenzbereichen der Kommunikation sich für emotionales Wohlbefinden abhängig machen von den Emotionen anderer. Manche stehen da in einer Abhängigkeit wie ein Fixer von der Nadel. Günstige Aufdecker für solche emotionalen Störungen können sein:

1. Behaupte ich etwas zum zweiten Male und erziele einfach keine Wirkung?
2. Gibt es andere, die sich momentan wohler fühlen als ich es tue?

Dann wäre es an der Zeit, Optionen zu testen. Vielleicht bist du mit diesem Buch gut inspiriert für alternative Sichtweisen. Hier eine weitere Reflektion:

In der heutigen Situation war ich in einer Skala von 0–10

fürsorglich	0 ←——————————————→	10
informativ	0 ←——————————————→	10
problemfokussiert	0 ←——————————————→	10
lösungsorientiert	0 ←——————————————→	10
erzielte Wirkung	0 ←——————————————→	10

Reflektion: Wirkungsbarometer

Lösungs- versus Problemdenken ist gut ergänzbar um die entscheidenden Fragen:

• Welche Wirkung hat mein derzeitiges Tun?
• Woran mache ich meine Wirkung fest?
• Wie kann ich diese im Alltag überprüfen?

zu überprüfen und Optionen zu erkennen.

Ein bisschen Gorbatschow, Kopernikus, meinetwegen auch Pippi Langstrumpf sein, tut manchmal gut.

Mit nachstehender Reflektion kannst du deinen Wirkungsbarometer in Form von Quick-Hits nachhaltig beeinflussen:

Quick-Hits für die erste Umsetzung

Solltest du in deinem Wirkungsbarometer den Wunsch verspüren, die Werte gleich einem Regler zu verschieben, empfehle ich nachstehende Reihenfolge. Hierbei kann es sein, dass du zugunsten von Lösungsorientierung fürsorgliche Aspekte reduzieren könntest. Das gilt natürlich auch umgekehrt. Gerade in festgefahrenen Themen könnte es dir vielleicht sogar Spaß machen, den Regler intensiv zu bedienen.

Dringliche Themen für den Grenzbereich kannst du mit nachstehendem Schema angehen. Was ist das Lösungsthema, welche Chancen diskutiere ich, wer wird Widerstand entgegenbringen und wie werde ich vorgehen?

Lösungsthema	Chancen	Widerstand	Vorgehen

Reflektion: Schnelle Schläge

Vielleicht hat dir dieses Handbuch geholfen, **Stauauflösung** in aktuellen Themen zu starten. Vielleicht bist du für Neues stimuliert und/oder lässt Altes bleiben. Von einem kannst du gesichert ausgehen, TA im alltäglichen Gebrauch ist spannend, manchmal auch eine immer wiederkehrende Herausforderung für die Entscheidung: Nutze ich meine Energien für das Bewältigen der hoffnungslosen Anpassung gegenüber dem vermeintlich Unveränderbarem oder lege ich los für Lösung und Wirkung. Manchmal zählt nur die Entscheidung und eben nicht die Lösung. Ich wünsche dir hierbei viel Spaß und gelegentlich die erforderliche Portion Mut.

Literaturhinweise

Die Trainer von **mvw-Training®** geben jeweils zu den Klienten und Projekten passend individuelle Empfehlungen. Bei älteren Werken ist es möglich, dass diese zeitweilig im Buchhandel vergriffen sind. Einfach anrufen!

Management

Autor/Herausgeber	Titel	Verlag
Andrews	Why are you so scared?	Magination Press
Antons	Praxis der Gruppendynamik	Hogrefe
Antons	Gruppenprozesse verstehen	VS Verlag
Asper	Verlassenheit und Selbstentfremdung	dtv
Bandler/Grinder	Reframing	Junfermann
Bandler/Grinder	Kommunikation und Veränderung	IPH
Bandler/Grinder	Metasprache und Psychotherapie	Junfermann
Bandler/Grinder	Neue Wege der Kurzzeit-Therapie	Junfermann
Barnes et al.	Schulen der Transaktionsanalyse	Ifk
Beer	Achtung Eifersucht!	Kösel
Berne	Die Transaktionsanalyse in der Psychotherapie	Junfermann
Berne	Transaktionsanalyse der Intuition	Junfermann
Berne	Spiele der Erwachsenen	rororo
Berne	Games People Play	Penguin Books
Berne	Spielarten und Spielregeln der Liebe	rororo
Berne	What Do You Say After You Say Hello?	Corgi Books
Berne	Was sagen Sie, nachdem Sie „Guten Tag" gesagt haben?	Fischer
Berne	Sex in human loving	Penguin Books
Birkenbihl	Freude durch Stress	mvg
Birkenbihl	Kommunikationstraining	Goldmann
Birkenbihl	Erfolgstraining	mvg
Boeckh	Die Gestalttherapie	Kreuz
Bohus	Borderline-Störung	Hogrefe
Bowlby	Loss	Penguin Books
Brennan	Power Play	Bauer
Brisch	Bindungsstörungen	Klett-Cotta
Brown et al.	Abriss der Transaktionsanalyse	Klotz
Commer	Der neue Manager Knigge	Econ
Daniels/Yeates/Erbach	Grundlagen der Systemanalyse	VRM

Tabellenfortsetzung siehe nächste Seite

Däumling et al.	Angewandte Gruppendynamik	Klett
Dethlefsen/Dahlke	Krankheit als Weg	Goldmann
Dilts et al.	Strukturen subjektiver Erfahrung	IPH
Dowling	Der Cinderella Komplex	Fischer
Elertsen/Hartig	Moderne Rhetorik	Sauer
English	Transaktionsanalyse	Iskopress
English/Pischetsrieder	Ich	PCH
Enzensberger	Versuch über den radikalen Verlierer	Suhrkamp
Erskine/Moursund	Kontakt, Ich-Zustände, Lebensplan	Junfermann
Etzlstorfer/Nömaier	Freud wörtlich	Brandstätter
Fehlau	Konflikte im Beruf	Haufe
Feser	Umgang mit suchtgefährdeten Mitarbeitern	Sauer
Frankl	... trotzdem Ja zum Leben sagen	Kösel
Frankl	Bergerlebnis und Sinnerfahrung	Tyrolia
Freeman/de Wolf	Die 10 dümmsten Fehler kluger Leute	Kabel
Gäde/Listing	Gruppen erfolgreich leiten	Grünewald
Gay	Freud	Büchergilde Gutenberg
Gerken	Manager..., die Helden des Chaos	Econ
Gerrig/Zimbardo	Psychologie	Pearson
Gigerenzer	Bauchentscheidungen	Goldmann
Gordon	Therapeutische Metaphern	IPH
Gordon	Familienkonferenz in der Praxis	Heyne
Gordon	Managerkonferenz	rororo
Goulding/Goulding	Neuentscheidung	Klett-Cotta
Graumann/Heckhausen	Pädagogische Psychologie	Fischer
Gruen	Der Wahnsinn der Normalität	Dtv
Halberstadt	Das freie Wort	Neue Gesellschaft
Harlander	Führen durch Gespräche	BBE-Verlag
Härri et al.	Der ExpressoCoach für Führungskräfte	Eichborn
Harris	Ich bin o.k, Du bist o.k.	rororo
Harris	Einmal o.k. immer o.k.	Rowohlt
Hauser	Selbstentwicklung	mi
Hecht	Unbeugsam ist stets genehm	Rowohlt
Heinzel	So geht`s besser im Beruf	Herder
Hertel	Professionelle Konfliktlösung	campus
Höfler et al.	Abenteuer Change-Management	Frankfurter Allgemeine
Holst/Sandmeyer	Wenn Märchenprinzen lästig werden	Scherz
Huber	Wege der Traumabehandlung	Junfermann

Tabellenfortsetzung siehe nächste Seite

James/Jongeward	Spontan leben	rororo
Jellouscheck	Wie Partnerschaft gelingt	Herder
Jellouscheck	Liebe auf Dauer	Herder
Jellouscheck	Vom Fischer und seiner Frau	Kreuz
Jochen von Wahlert et al.	Gesundes Führen	Schattauer
Jung	Bewußtes und Unbewußtes	Fischer
Kahler	Process Therapy Model	KCG
Karpman	A Game Free Life	DTP
Karpman	Ein Leben ohne Spiele	PTC
Kast	Trauern	Kreuz
Kast	Abschied von der Opferrolle	Herder
Kellner	Die Teamlüge	Eichborn
Kersting/Neumann	Systemische Perspektiven	ibs
Kirckhoff	Mind Mapping	Synchron
Kirsten/Müller-Schwarz	Gruppentraining	rororo
Klagsbrun	Der Geschwisterkomplex	Heyne
Klebert et al.	Kurzmoderation	Windmühle
Kohlrieser	Hostage at the table	Warren Bennis
Kohlrieser	Fördern und Fordern	WILEY
Kottwitz	Wege zur Neuentscheidung	IfK
Kratz	Rhetorik	Modul
Krech et al.	Grundlagen der Psychologie	Weltbild
Kriz	Grundkonzepte der Psychotherapie	Beltz
Kübler-Ross/Kessler	Dem Leben neu vertrauen	Kreuz
Kübler-Ross/Kessler	Aids	Kreuz
Kübler-Ross/Kessler	Das Rad des Lebens	Knaur
Langenscheidt	4000 Sprichwörter und Zitate	Langenscheidt
Lausch	Manipulation	rororo
Lay	Wie man sinnvoll miteinander umgeht	Econ
Lay	Führen durch das Wort	rororo
Levine	Trauma-Heilung	Synthesis
Levine	Vom Trauma befreien	Kösel
Liedloff	Auf der Suche nach dem verloren Glück	C.H.Beck
Lukas	Auch dein Leben hat Sinn	Herder
Lütz	Irre! Wir behandeln die Falschen	Gütersloher Verlagshaus
Lütz	Neue Irre! Wir behandeln die Falschen	Kösel
Lynch	Die Sprache des Herzens	Junfermann
M. Birkenbihl	Train the Trainer	mi

Tabellenfortsetzung siehe nächste Seite

Machiavelli	Der Fürst	insel
Maeck	Arbeitshandbuch der Lehr- und Trainingstechniken	mi
Mc Knight	Management mit Herz	Falk
Meininger	Transaktionsanalyse	mi
Migge	Handbuch Coaching und Beratung	Beltz
Miller	Die Revolte des Körpers	Suhrkamp
Miller	Du sollst nicht merken	Suhrkamp
Miller	Am Anfang war Erziehung	Suhrkamp
Moeller	Selbsthilfegruppen	Rowolth
Navarro	Menschen lesen	mvg
Nitzsche	Praxisbuch Konfliktlösung	Linde
Packard	Die geheimen Verführer	Ullstein
Parment	Die Generation Y	Springer Gabler
Payne	Richtig delegieren	falken
Petry	Erlebnisgedächtnis und PTBS	SGS
Rasche	Prometheus	Kreuz
Rautenberg/Rogoll	Werde, der du werden kannst	Herder
Rauter	wie eine Meinung in einem Kopf entsteht	Weismann
Rauter	Brief an meine Erzieher	Weismann
Reich	Die Massenpsychologie des Faschismus	Fischer
Ricci	Sigmund Freud	Parthas
Richter	Flüchten oder standhalten	Rowolth
Richter	Lernziel Solidarität	Rowolth
Richter	Die Gruppe	Rowolth
Richter et al.	Familie und seelische Krankheit	Rowolth
Richter et al.	Wer nicht leiden will muß hassen	Hoffmann und Campe
Riemann	Grundformen der Angst	Rheinhardt
Rinpoche	Das Tibetische Buch vom Leben und vom Sterben	Fischer
Rogers	Der neue Mensch	Klett-Cotta
Rogers	Partnerschule	Fischer
Röhl	Fanita English	Iskopress
Salerno/Brock	Change Cycle	Gabal
Salzberger	Die Psychoanalyse in der Sozialarbeit	Isca
Scherer	Denken ist dumm	Gabal
Schiff/Day	Alle meine Kinder	Kaiser
Schlegel	Handwörterbuch der Transaktionsanalyse	Herder

Tabellenfortsetzung siehe nächste Seite

Schlüter	Rhetorik für Frauen	Langen-Müller
Schmid	Systemische Professionalität und Transaktionsanalyse	EHP
Schmidt	Einführung in die hypnosystemische Therapie und Beratung	Auer
Schmidt	Liebesaffären zwischen Problem und Lösung	Auer
Schmidt	Sieben Wörter sind genug	mi
Schmidt et al.	Aufstellungsarbeit revisited… nach Hellinger?	Auer
Schopenhauer	Die Kunst, glücklich zu sein	Becks`che Reihe
Schopenhauer	Die Welt als Wille und Vorstellung	Insel
Schopenhauer	Die Kunst, Recht zu behalten	Nikol
Schott	Verhandeln	Haufe
Schrader et al.	Der Trainer in der Erwachsenenbildung	Hanser
Seifert	Moderation und Konfliktlösung	Gabal
Sprenger	Das Prinzip Selbstverantwortung	Campus
Stangl	Die Sprache des Körpers	Econ
Staute	Der Consulting-Report	Heyne
Steiner	Wie man Lebenspläne verändert	Junfermann
Stemmann/Wenzel	Motivationsmethoden	mvg
Stewart	Transaktionsanalyse in der Beratung	Junfermann
Stewart/Joines	Die Transaktionsanalyse	Herder
Stewart/Joines	Persönlichkeitsstile	Junfermann
Stowasser/Kraus	Jammern – aber richtig	A & O
Struck	Der Coaching-Prozess	Publicis
Tannen	Job-Talk	Kabel
Teegen et al.	Sich ändern lernen	Rororo
Tüchthüsen et al.	Ganzheitliches Business-Coaching in der Praxis	C.H. Beck
Vogelauer	Methoden-ABC im Coaching	Luchterhand
Wagner	Besser führen mit Transaktionsanalyse	Gabler
Watzlawick	Anleitung zum Unglücklichsein	Piper
Watzlawick et al.	Menschliche Kommunikation	Huber
Wehr	Gründergestalten der Psychoanalyse	Artemis
Weigel	Konfliktmanagement in der öffentlichen Verwaltung	Duncker & Humblot
Weigel	Theorie und Praxis der Transaktionsanalyse in der Mediation	Nomos
Zipfel	Jour fixe um 6	Wiley

Organisations- und Personalentwicklung

Autor/Herausgeber	Titel	Verlag
Morganski	Balanced Scorecard	Vahlen
Kaplan/Norton	Balanced Scorecard	Schäffer/Poeschel
Staehle	Management	Vahlen
Kyrer/Jettel/Vlasits	Wirtschaftslexikon	Oldenbourg
Friedag/Schmidt	Balanced Scorecard	Haufe
Rosen	E-Commerce Survival Guide	Econ
Kotler	10 Todsünden im Marketing	Econ
Wöhe	Einführung in die Allgemeine Betriebswirtschaftslehre	Vahlen
Gogol	Der Revisor	Reclam
Späth/Michels/Schilly	Das PPP-Prinzip	Droemer
Schawel/Billing	Top 100 Management Tools	Gabler
Kotler	Marketing-Management	Poeschel
Jöms/Bungard	Feedbackinstrumente im Unternehmen	Gabler
Reisinger/Gattringer/Strehl	Strategisches Management	Pearson
Asen	Online-Marketing für Selbständige	mitp
Kück	Schnelleinstieg Controlling	Haufe
Horx	Das Megatrend Prinzip	DVA
Handy	Ohne Gewähr	Gabler
Cleland	Project Management	Second Edition
Füser/Heidusch	Rating	Haufe
Vahs	Organisation	Schäfer-Poeschel
Weber/Schäffer	Balanced Scorecard & Controlling	Gabler
Horvath & Partner	Balanced Scorecard umsetzen	Schäfer-Poeschel
Micic	Der Zukunftsmanager	Haufe
Gerken	Das Geheimnis der neuen Führung	Econ
Knebel/Schneider	Die Stellenbeschreibung	Sauer
Sattelberger	Innovative Personalentwicklung	Gabler
Spies/Beigel	Einer fehlt und jeder braucht ihn	Ueberreuter
Habitzl/Havranek/Richter	Suche und Auswahl von neuen Mitarbeitern	Linde
Crisand/Stephan	Personalbeurteilungssysteme	Sauer
Rastetter	Personalmarketing, Bewerberauswahl und Arbeitsplatzsuche	Enke

Transgenerationale Themen

Autor/Herausgeber	Titel	Verlag
Radebold et al.	Transgenerationale Weitergabe kriegsbelasteter Kindheiten	Juventa
Goeschel	Selbstmord im Dritten Reich	Suhrkamp
Goltermann	Die Gesellschaft der Überlebenden	DVA
Thiele	Die Wehrmachtsausstellung	Edition Temmen
Winterberg	Kriegskinder	Piper
Alberti	Seelische Trümmer	Kösl
Ustorf	Wir Kinder der Kriegskinder	Herder
Hosfeld, Pölking	Wir Deutschen	Piper
Bode	German Angst	Piper
Bode	Kriegsenkel	Klett-Cotta
Bode	Nachkriegskinder	Klett-Cotta
Bode	Die vergessene Generation	Piper
Drobisch et. al	Juden unterm Hakenkreuz	Röderberg-Verlag
Asgodom	Halts Maul, sonst kommst nach Dachau	Bund-Verlag
Seiter/Kahn	Hitlers Blutjustiz	Röderberg
Reinecke	Bomben auf Hannover	Frieling
Süß	1945 Befreiung und Zusammenbruch	dtv
Schmeling	Vom Krieg ein Leben geprägt	Wenner
Smuda	Im schwarzen Mantel	Vias
Klevemann	Kriegsgefangen	Siedler
Mc Namara	Vietnam	Spiegel Verlag
Shay	Achill in Vietnam, Kampftrauma und Persönlichkeitsverlust	Hamburger Edition
Finze	Das Trauma der Kriegskinder	Klotz
Kolb	Bergen-Belsen 1943–1945	Vandenhoeck & Ruprecht
Neitzel/Welzer	Soldaten	Fischer
Winterberg/Winterberg	Kriegskinder	Piper
Münch	Die geprügelte Generation	Klett-Cotta

Hat dir das Buch gefallen? Lust auf mehr?

Wenn ja, dann lass uns doch in Kontakt treten!
Besuche meine Website www.mvw-training.de. Viel Spaß in der Umsetzung!

Mein Dank an Ausbilder und Freunde

Trainerleben: Dr. Stephen Karpman und der Autor, Starnberg.

Hans-Georg Dressel, für radikale Lösungsansätze.
Dipl. Ing. Christiane Heinrich, für deine Genauigkeit und deinen Zuspruch.
Walter P. Vetter, für deine Fähigkeit, Trainerhandwerk zu vermitteln.
Hans-Georg Terkatz, für deine Fähigkeit, konzeptionelles Know-how weiterzugeben.
Dr. Werner Rautenberg, für deinen Mut, klinische Ansätze in der Arbeit in Organisationen aufzuzeigen.
Bernhard Schibalski, für deine fantasievollen Seminar-Designs.
Dr. George Kohlrießer, für deine bahnbrechenden Inputs in der Welt der Emotion.
Dr. Elisabeth Kübler-Ross, für deine tabubrechende Wirkung.
Fanita English, für deine Klarheit in Begegnung.
Dr. Stephen Karpman, für deinen kompromisslosen Ansatz der Einfachheit.

Index

Verlagsinformation

Wir bieten neben bekannten und prominenten Autoren auch für noch unbekannte Erst-Autoren die ideale Plattform für Buchveröffentlichungen. Thematisch setzt sich der Verlag kaum Grenzen. Es werden sowohl von bekannten als auch unbekannten Autoren Bücher verschiedenster Themen veröffentlicht. Damit trägt der Verlag zu einer Bereicherung auf dem Literaturmarkt bei, kann so ein breites lesebegeistertes Publikum ansprechen und gibt damit den Autoren eine optimale und wirtschaftliche Lösung zur Veröffentlichung ihrer Buchmanuskripte. Ein Vorteil für die Buchautoren besteht unter anderem darin, dass Bücher, je nach Auflagenhöhe, im Verfahren „Book on Demand" (Digitaldruck) oder – bei höheren Auflagen – im Offsetdruck hergestellt und veröffentlicht werden können.

www.JoyEdition.de

Joy Edition · H. Harfensteller
Gottlob-Armbrust-Str. 7 · D-71296 Heimsheim
Telefon 07033 306265 oder 306263
Fax 07033 3827 · Hotline 0171 3619286
info@joyedition.de